トップリーダー１％に上りつめる

平田流「ハーバードＫ《ケネディ》Ｓ《スクール》」思考法

超一流論

早稲田大学大学院
スポーツ科学研究科教授
平田竹男

まえがき

私がこの本を書こうと思ったのは、成功した人がもう一つ次の成功を目指して、もがき苦しみ、そして別の人に生まれ変わって別の人生を歩み始める、その貴重な瞬間を見てきたからです。

こんなにすごい人たちが、さらに輝く瞬間を見届けることを自分だけが独り占めするのは申し訳ない。

「一流」から「超一流」へ。一度成功した人が次に進むために何かを考える時、参考となることを示せるのではないか？

そう思ったからです。

一般的には大学院に入って研究をすることと、次の人生を探すことは一見関係のないことと思われがちです。

しかし、自分の活躍してきた分野を深く客観的に掘り下げて研究することにより、日頃気付かなかった身近なところにも意外な発見があります。それが、自分の強みを科学的に再確認できる機会をもたらします。結果、成功した人が恩返しをしたいと思う重点分野を掴んだりすることにも繋がります。

これは、私が主としてスポーツ分野で経験していることですが、例えば、商社である職場からまたある職場へ昇格した友人と会話をしていても、同様のことが当てはまります。

つまり、スポーツ界に限らず経済界、政界などあらゆる分野に通じる普遍性のある話である気がするのです。

もし今、職場や組織で主戦力となっている方々で、次のステップアップについて考え、悩み、立ち往生しているのなら、この本の内容をヒントとしていただけると幸いです。

CONTENTS

目次

第1章

平田流ハーバードの教え

平田流ハーバードＫＳ（ケネディスクール）育成術

「一流のアスリートを、社会における超一流のリーダーに育てたい」

この思いが、早稲田大学大学院スポーツ科学研究科にある平田竹男研究室、通称「平田ゼミ」の社会人修士課程1年制コースを立ち上げるきっかけになりました。

そして、その授業体系において参考にしたのは、ハーバード大学で学んだ経験でした。

私は１９８７年、ハーバード大学Ｊ・Ｆ・ケネディスクールのミッドキャリアプログラムに入学しました。

ケネディスクールは１９３６年にハーバード大学に設立された行政大学院です。その後、１９６６年に第35代大統領の名を冠してＪ・Ｆ・ケネディスクールという名前に代わりました。

日本では経営者の多くがアメリカの大学にあるビジネススクールで経営学修士（ＭＢＡ）を取得していますが、ケネディスクールでは政治学、法律学、経済学などを学び行政学修士を取得します。いわば、ビジネススクールの政治版といったところです。

通常のコースであれば修了に2年を要しますが、5年以上の職務経験があれば「ミッドキャリアプログラム」に出願することができます。ミッドキャリアプログラムとは、社会人向けに用意された1年制コースです。私は通商産業省（現・経済産業省）で働いていた職歴を活かしてこのミッドキャリアプログラムに入学したわけですが、この時初めて大学院で学ぶコースにも1年制と2年制の2種類があることを知りました。これが平田ゼミ社会人修士課程1年制コースの発想に繋がっています。

ミッドキャリアプログラムの修了生には、シンガポールの首相、リー・シェンロン氏など各国の重鎮が並びます。日本でも２０１７年8月に発足した第4次安倍内閣における茂木敏充経済再生担当大臣、林芳正文部科学大臣、上川陽子法務大臣、齋藤健農林水産大臣の4名が修了生で、特に齋藤大臣は、私が先輩として推薦状を書いたので、特に印象が深いものがあります。ちなみに、塩崎恭久前・厚生労働大臣もそうでした。

生徒は世界各国の閣僚や、政治家になる足固めを既に終えている人、既に社会的リーダーとしての地位を獲得している人ばかり。平均年齢が40歳という生徒の中に、27歳で入学した私は最年少でした。

わずか1年、されど1年。ケネディスクールで過ごした濃密な時間は、私の人生——大袈裟に言えば「生き方」——を根本的に変えたと言っても過言ではありません。それほど多くの学びと気付きをもたらしてくれました。

今の自分とこの先なりたい自分との差を、どう埋めていくのか。そして、自分の中でまとめた考えをいかに的確かつ印象的に外部へ伝え、納得してもらうか。政治家になりたい人が集う場所ですから、なりたい自分になるだけでなく、周囲を説得し、理解を得て、リーダーとして社会を変えていくまでの道筋を学びます。しかも、その道筋を「科学」しながら探っていく方法はとても刺激的でした。

アメリカが民主党政権であれば共和党政権時に大臣などをしていた重鎮が、共和党政権であれば民主党政権時の重鎮が教鞭をとってくれます。つい最近まで国を動かしていた人物による授業も大変興味深いものでしたが、その実、メインはケーススタディでした。

例えば、ある鉄鋼企業の労働組合が、自分たちの仕事を優先させるために大統領に対し、鉄鋼の輸入禁止を訴えたとします。その際、できるだけコストを抑えたい自動車メーカーは、その訴えに反対する。さらにディーラーなど関連産業も、それぞれの立場での主張があり賛否両論に分かれる。そんな社会状況にあって、もし自分が大臣であったら、労働組合のトップであったら、鉄鋼メーカーのロビイストであったら——それぞれの立場で、どう動くかを考えさせるのです。

産業の標準化に関する授業では、ボルチモアで起きた大火事を当時ケーススタディにしたことを覚えています。消火応援のため、周囲の地域から消防車が現場に大挙押し掛けたのはいいものの、地域ごとで消火栓の規格が異なっていたために大混乱を招いた。こういうことが起こらないようにするために、どのように標準化の戦略を練って動くのか。ただ、解決策を見出すだけで話は終わりません。自分の考えをいかに大衆に浸透させ、支持を得るか。説得力のある弁論、効果のある根回し、物事の進め方の順番まで考えます。このように具体的な例を引き合いにして、リーダーとして一つの物事を解決に導く道筋を、みんなで話し合ってばかりいました。

この「みんなで話し合う」ことが、学問する上でとても重要だと気付かされたのもこの頃です。世界から社会的リーダーにならんとするトップの人材が集い、交流することで化学変化が起き、それまでの自分にはなかった新しいものの見方に気付かされる。トップの人材と一生懸命に渡り合おうとすることで、必要とされる立ち振る舞いを身に付けることができる。通常、「学び」とは一つのことを教えてもらったら一つのことを知っていく感覚が一般的かもしれませんが、ケネディスクールでの「学び」は、一つの例から複数のものを同時多発的に気付いていく感覚と表現した方が近いかもしれません。

〝真の〟交流がもたらす大きな成長

交流の場は授業だけにとどまりません。むしろ、授業以上にパーティを通じて、人間同士が触れ合っていくことの大切さと効果の大きさを知ることができたのは、大きな収穫の一つでした。

アメリカの大学では頻繁にパーティが催されます。大学の「パーティ」と聞くと、日本で言う「合コン」のようなイメージを連想されがちですが、ケネディスクールのそれは全く異なります。集まるのは世界各国の一流の人材ばかり。万国共通の話題として下ネタは欠かせないものですが、そんなものを差し挟む余地すらないほど、会話は濃密なものになります。

強烈なバックグラウンドを持つ人ばかりですから、誰もが自分中心の話題設定をしたがる。しかし、しばらくすると、自分のことばかりではなく周囲の話に的確に質問したり反論したりできる人が出てきます。その場にはリーダータイプの人間ばかりが集っているわけですが、そのリーダーたちを上手く繋ぎ合わせ、全員で話ができる雰囲気を作り出す。これぞリーダー中のリーダーだと感じました。最初は10人いると3つほどの話題に分かれていたのが、その人のおかげで全員が一つの話題で話すことができるようになる。それは素晴らしいことだと思いました。

そんな環境下で話に一つ一つ耳を傾け、意見を発し、話題を掘り下げていく。話題は多岐にわたります。政治、経済、歴史、軍事、スポーツ、美術、サブカルチャー……。パーティの数をこなせばこなすほど、広範囲に興味が湧き、好奇心が刺激され、より知りたくなる。すると、社会を構成するあらゆる要素と自分の距離がどんどん縮まっていき、聞くことも伝えることも楽しくなっていきます。そのうちどんな話題になっても、万遍なく話せる感覚を得ていくのです。

さらに、「話す」から「喋る」感覚になっていく。思考することがオート化されて、世界一流の話題を通常会話レベルで、当たり前のように喋られるようになると、それまで気付かなかった、ワンランク上の楽しみが生まれてきます。高度な話題をみんなで共有し喋り尽くす喜び、そして笑い合える喜び。すると、思わぬところでまた別の共通話題や目的意識が生じてくるのです。現在だけの話だけではなく、過去を振り返る話だけではなく、最終的には将来を見据えた話に及ぶことで、予見力も身に付く。それでまた自分の中に新たな発見が生まれる。この好循環によって、どれだけの気付きを得ることができたことでしょう。

また、パーティに参加した時、常にあった感覚は「日本を代表して話している」というものです。言葉にすると当たり前に感じられますが、実際、「日本とは」という話題で外国人に説明することは、ものすごく難しいことでした。当時、世界中から注目された日本経済だからといって、通産省での仕事や日本経済の話ばかりするわけにはいかない。経済だけでもスポーツだけでも説明に偏りが生じてしまいます。そして最終的には「日本人」を語らなければいけない。ただ、この難しいテーマと日々接し続け、考え続けることで私は日本が大好きになりました。

ただ、これはまだ「日本」という自分のホームで戦えるイメージです。ホームで戦える雰囲気でない時には、自分の得意でないテーマ、いわばアウェーでの戦いになります。例えば、マサチューセッツ州のローカル政治、大統領選挙に関する州別投票予測やインタレストグループ別の投票行動、クアーズというビール会社に労働組合があるかないか、などです。

日本のことを話せる用意をすることで、外国人の目から見た日本に関する大きな視野を得られたことは確かに大きな収穫でした。一方で、相手の外国人の得意とするテーマの話題にジャンプインする勇気、そして知識の必要性。これを思い知らされることで、普段から外国人の話題を想定して新聞やテレビに接するようになるなど、根本から日常の態度を改める心構えを与えてもらいました。

どのような話題に対しても、理解し、思考し、まとめ、伝える。この時身に付けた習慣が、その後の仕事にも活きてきます。

ハーバード大学大学院を修了した後、在ブラジル日本大使館一等書記官としてブラジルに赴任した際、ブラジル経済は異常なインフレに借金にと、苦境に喘いでいました。この時私が取り組んだのは、「借金を返した後のブラジル像を喋ってみた」ということです。単に経済を語るだけでなく、ブラジル一国を語るだけでなく、日本を含めた世界各国の情勢や関連性や経済以外の分野も含めて俯瞰した結果見えてくる未来像を語り、ブラジルが本来の国の姿に立ち戻るロードマップを示してみたのです。まだ20代でポルトガル語も拙い日本人が言うことなど本来、国が取り合ってくれるものではありません。でも、ブラジルはそんな私の話を聞いてくれました。

話を聞いてくれたのは、その後大統領にもなった、フェルナンド・エンリケ・カルドーゾ外務大臣（当時）です。

１９９３年4月の通産省貿易保険に対するブラジルの最初の返済額は、１０３６億円というものでした。すかさず、5月12日に来日したカルドーゾ大臣に当時の森喜朗通産大臣から10億ドルのクレジットインを供与しました。返済と引き換えに、とは全く約束していませんでしたが、借金を返す国にはニューマネーを入れることを体現しました。そして、世界中から「あのブラジルに借金を返させた男」と驚かれることになります。この時供与したお金の利益で返済を受けられた各国の方々が、わざわざ私を訪問してくださり、御礼を述べてくれたのです。「お金を貸す仕事はみんなが一生懸命やってかっこいいが、取り立てを一生懸命やって実現させるのはもっとすごいことだ」と褒めてくださったのです。

そして5月15日は、私が手伝わせていただいていたJリーグの開幕戦、ヴェルディ川崎対横浜マリノスがあり、翌16日には、私がクラブ創設やスタジアム建設にも関わった鹿島アントラーズが名古屋グランパスエイトと対戦しました。その試合後、ハットトリックを記録したジーコと再会を喜びました。実はアントラーズのジーコとは、私がブラジルへ赴任する前から親交があり、彼の来日にも大きく関わっていたのです。彼とは、私がブラジルへ赴任してからの付き合いだとよく誤解されますが、実はその前からお付き合いはあったのです。

話が逸れましたが、この短い期間に怒涛のごとく物事が動いた時、私は通産省やハーバード大学で学んだ以上のことができたと成長を実感し、自信を得ることができました。そしてこの時、確かに感触を掴んだ会話術がその後、アジア通貨危機の際にマレーシアのマハティール・ビン・モハマド首相に対して行ったプレゼンテーションや、イランなどに対して行った石油交渉に繋がっていきました。さらには、日本サッカー協会専務理事時代に行った各国との交渉などにも活かされることになります。

理系の脳＝IT技術をミックスさせる

平田ゼミ社会人修士1年制コースのビジョンは、一流のアスリートを超一流のリーダーに育てること。その体系はハーバード大学J・F・ケネディスクールミッドキャリアプログラム流。その上に私が付け加えたのは、インターネットをフル活用したデータ分析です。

リーダーとして社会を変えていく立場に立った時、人間的な魅力ももちろん重要ですが、それと同等、いや、それ以上に重要になるのが説得力です。その説得力の大きな後ろ盾になるのがデータです。私がハーバード大学ケネディスクールに入学したのは１９８７年。まだ、インターネットは社会に普及していませんでした。その後、日本サッカー協会に入ったのが２００２年。その頃には、インターネットは誰もが活用するほどの普及率になっていました。わずか15年の間に社会は大きく様変わりしたわけですが、その急速なネット化から、現在のビッグデータ時代の到来は予見できました。データを収集、分析する上でインターネットの存在は欠かせません。日本サッカー協会にいた頃の私は、もしこの先、スポーツ界のリーダーを育成しようと考えるのなら、これから来るべきビッグデータの時代に即して成長できる人材でなければいけない、と確信していました。

ただ、当時の私にはまだインターネットを使いこなすに足る十分な知識も経験もありません。そこで、東京大学大学院工学系研究科博士課程に入学し、経営技術論の松島克守教授のゼミで学ぶことにしました。２００３年から4年間、特にインターネット技術、人工知能（AI）、ビッグデータを学びました。私の博士論文を手伝ってくれた若い修士学生には、２０１７年9月に人工知能開発ベンチャー企業「パークシャテクノロジー」を東証マザーズに上場させた社長の上野山勝也さんや、楽天株式会社の最年少執行役員から独立してシリコンバレーで AppGrooves 社を設立した柴田尚樹さんなどがいました。

当時最高水準のネット技術や、ビジネスモデル分析の専門家に囲まれながらのＩＴ関連の研究。それは非常に勉強になりました。今でこそ公になるケースが多いビジネスデータですが、当時はそのほとんどが非公開。オープンにならなければ、ビジネスデータを分析する学問も広がりませんし、発達しません。そんな中、松島ゼミには潤沢なビジネスデータがあったのです。そこで曲がりなりにもデータ分析に取り組んだことで、リーダーとしてデータを分析する能力がこれから必須であるという確証を得ました。本当のデータ分析とはいかなることを指すのか。経営分析をする上で、ある事象を因数分解した際、最もポイントとなる数字は何なのか。そういった具体的理論と方法を学ぶことで、経営など数字が絡む仕事に携わる人にも自信を持って教えられるようになりました。おかげさまで私の最終学歴も、ハーバード大学大学院修士から東京大学工学博士に変わりました。

松島ゼミは、豊富なデータ量もさることながら、ＩＴの最先端を行く研究所でもありました。そこで、最新鋭のパソコンや、当時は今ほど普及していなかったＳＮＳといった新機能にいち早く触れられたことも、その後の自信に繋がりました。例えば今や誰もが行う行為であるネット検索一つをとっても、自分の望む資料に辿り着くための最善の方法というものがあります。その方法をマスターしているかどうかで、正確性とスピードには雲泥の差が生まれます。ＩＴを学ぶということは、文系理系に限らず、学問の質を高める上では武器になります。なにせスマートフォン、パソコンを使いこなせるかどうかで、同じテーマを調べるにしてもそのスピードから精度、まとめから伝達に至るまで、そのクオリティに数十倍～数百倍の差がつくのですから。

「パソコンは自分を裏切らない最も忠実な部下である」

松島ゼミで学んでこう実感できたことは、その後、平田ゼミに大きく影響を及ぼすことになります。

アカデミック論文を書ききることの意味

ハーバード大学J・F・ケネディスクールでの学びと、東京大学大学院工学系研究科松島ゼミでの学び。スポーツ界において生え抜きの超一流のリーダーを育てる授業体系の骨格が、自分の中でできあがってきました。そして最後にもう一つ、こだわりたかったことがあります。

それは「アカデミック論文をまとめる」こと。なぜ私が論文という形にこだわるかというと、「一つの答えを明らかにする」からです。

これも、ハーバード大学で経験したことが発端になっています。出された課題に対して思考を深める際、私はペーパーを書いて論理を整理することで、また新たな思考を呼び覚ます機会を何度も得ました。取り組むべき課題に対して、最初は広範囲に靄《もや》がかかっておぼろげだったのが、徐々に輪郭が見えてきて、中心部が確認できるようになり、最終的な核となる点＝答えに行き着くようなイメージ。この体験は、平田ゼミでも大きな効果を発揮するという確信があったのです。

自分の中に眠る能力が呼び覚まされる前段階、つまり、まだ己自身が何をなし得るか見えていない状態で平田ゼミに入学してくる社会人たち。彼らが1年間という限られた時間の中で、自分が進むべきビジョンを見つけ、そのビジョンに到達する方法と答えを最終的に一つに集約する。これこそ、平田ゼミ社会人修士課程1年制コースが果たすべき使命です。知識を学ぶだけではなく、方法論を教えてもらうだけでもなく、最終的には自分で考え、自分で行く先を定め、自分で答えを見出す。そこまでできて初めて、超一流のリーダーたる資質を備えることができます。その資質は、最後にきちんと科学的にも証明された論文にまとめ、外部に論理的にも認めてもらうことで確定される、と考えたのです。

私は、まさにハーバード大学で人生が変わり、そこで得た自信とスキルと人脈で最難関のブラジルから借金を返済させることができました。もしハーバード大学に行っていなければ、外国人である私がブラジル上院に乗り込み説得したりすることを考えもしませんし、そのような勇気も持てませんでした。今、改めて思うと、通訳も連れず一人で乗り込んだ自分は、大変変わった人物だと思われたことでしょう。

最後の最後まで、それこそ極限まで思考を突き詰めるという経験。そして、自分自身の力で成し遂げる体験。その証として論文という形に残す。これらが、修了後の彼らにとって大きな自信になり、心の拠り所となります。

日本スポーツ界に求められる超一流のリーダー

「一流のアスリートを、社会における超一流のリーダーに育てたい」。私がそういう思いに至った理由は、日本サッカー協会専務理事をしていた経験から来ています。

私は横浜国立大学を卒業後、先にも述べましたが通商産業省に入りました。そこで若くして日本経済界のトップを走る方々と共に仕事をさせてもらい、揉まれながら育てていただきました。その後、在ブラジル日本大使館一等書記官、通商政策局資金協力室長、資源エネルギー庁石油部開発課長、資源・燃料部石油天然ガス課長などを務めさせていただき、日本のみならず世界各国のトップの方々にも育てていただきました。

サッカーに夢中だった中学生の頃からの私の夢は、「プロリーグの創設」「サッカーくじの導入」「ワールドカップ自国開催」を日本サッカー界にもたらすというものでした。その夢も、通産省サービス産業室でスポーツビジネスに関わったことを契機として、各々のプロジェクトに携わりながら、全て叶えることができました。

そんな私は2002年、日本サッカー協会の専務理事になりました。ハーバード大学で確立した人脈やプロジェクトを進めるノウハウ。これらを全て注入する覚悟で、日本サッカー協会の仕事に取り組みました。今挙げた3つの夢に続いて、さらに女子サッカーの普及と強化や、育成年代でリーグ戦を組織することもできました。それはとても喜ばしい成果ではありましたが、一方で、ある思いが頭をもたげたのも事実です。

日本サッカー協会で働く人材、特に若い世代の人たちは非常に優秀です。自分の肌感覚に照らし合わせれば、その実力は、ハーバード大学の仲間や通産省時代に共に働いた人たちと何ら遜色がないほどです。ですが、その力を十分に発揮できていない。その状況は非常にもったいないないものに感じられたのです。

大学の先輩の前では意見は言わないもの。このような不文律が協会内にありました。また、卒業した大学の名前だけをことさら重視する人物評価も気になりました。

私からすると、十分にできるだけの力を備えているように見えるのにできない。そんなギャップが戸惑いを生み、ともすると私の要求が今までにないスピードと範囲で加圧している、と過剰に受け止められることもありました。

ハーバード大学で自分が得た成功プロセスを、日本のスポーツ界にも持ち込みたい。そう考えた私は、まず日本サッカー協会に浸透させるべく、飲み会やブレストの会議を開いてみました。ですが、当初は想定していた「真面目な飲み会」とはなりませんでした。そこにあったのは体育会系気質の飲み会。自分にプラスをもたらす話題ではなく、建設的な意見を言い合う場でもなく、あったのは仕事の愚痴や気晴らしの話題ばかり。日本の飲み会ではごくありきたりな光景かもしれませんが、ハーバード大学のパーティを経験してきた身からすると、とても大きなチャンスをふいにしているように見えました。みんな喋っているようでいて、実は本当の意味で喋っていることになっていないのです。

彼らに能力があることは明白でした。その力を引き出すチャンスが目の前にあるのに、気付かずにただ無為な時間を浪費してしまっている。あまりにももったいない、と感じたものです。

しかし、時が経過するにつれ組織は大きく様変わりしていきます。自分で考え、答えを一つに集約していくことの意味、そしてその答えを活字にまとめアウトプットすることの意味、を理解した若い世代を中心とする人たちがブレイクスルーを果たし、爆発的な成長を遂げるのを目の当たりにしたのです。

飲み会も、その後何度も働きかけることで「真面目なブレストの会」が実現することとなり、多くの方が自分の中に眠る能力を引き出すきっかけになりました。聞くところによると、私が日本サッカー協会を去った今も続いているようで、非常に嬉しいことです。やはり彼らの能力は霞が関の省庁に勤める人材と変わらないほど高いものだったのです。

こういったプロセスを経て気付かされたのは、日本サッカー界のみならず、日本のスポーツ界には優秀な人材が埋もれている、という事実です。

特に生え抜きのリーダーが育っていない。現在に至るまで、ほとんどの競技団体の会長は政治家で占められています。各競技で一流の実績を残したアスリートの方々のセカンドキャリアを見ると、指導者やメディア関係に進むケースが大半。現役引退後、自分が得た経験や知見を活かして競技団体のトップになるケースがあってもおかしくはない――それこそむしろ自然な流れだと思いますが――にも関らず、元一流のアスリートが、その後組織のリーダーになるという構造が日本のスポーツ界にはなかったのです。

この構造のままでは、各競技団体が自立し、将来に向かって持続的に成長していく可能性は限られてしまいます。その競技に人生をかけ、誰よりも知っている情熱的な人材をリーダーに据えない限り、競技の「勝利、普及、資金」のカギを握る重要な仕事は、代理店などの外部に頼らざるを得ません。となると、その競技のキャスティングボードを握るのは外部の人間ということになる。その形が定着すると、団体の中心にいる肝心な人ほどビジョンもコンセプトも持っていない状態に陥ってしまう。……そんな空洞化が続く限り、日本のスポーツ界に劇的な変化は起こらない、起きようがない、と気付かされました。

この現状を変えるには、一流のアスリートだった方々が引退後、リーダーになる道筋を作ることです。では、そのためにはどうすればいいか。

私の答えは、現役を引退後に学問を身に付けることで、一流のアスリートを社会に通用する超一流のリーダーに転身させる、ということでした。日本サッカー協会で共に仕事をした若い世代の人たちがその潜在能力を爆発させたように、一流のアスリートも自分が気付かぬところで、社会でもトップになれる大きな潜在能力を蓄積しているのです。

私が20年いた通産省の幹部は基本的に東大卒の方ばかりですが、そういった高学歴の肩書を持つ官僚たちと対等に議論できる能力。私がそれまで見てきた世界各国の政財界のトップたち、大企業のトップたちとも繋がれる能力。スポーツで一流まで上り詰めた方であれば、これは十分に備えられる能力です。これまでは潜在化したまま開花させる環境や機会に恵まれていなかった力を発掘することで、日本のスポーツ界を劇的に変えるリーダーを生み出すことができるはず。最初に抱いた思いは今、平田ゼミ社会人修士課程1年制コースを12年続けてきたことで間違いなかったと確信しています。そして、社会における超一流のリーダーになるために必要な条件も見えてきました。

このように、私が日本サッカー協会専務理事当時に仕事を通して何を考え、何に苦労したかを各学生が知っていることを前提として、現在のゼミは議論を進めています。ですから、ゼミの入学生には全員、この時の仕事をまとめた私の著書『サッカーという名の戦争』（新潮社）を読んでもらうことにしています。私の人となりや考え方を知ってもらうことで、ゼミでの発言の背景や価値観を理解してもらい、研究に役立ててほしいからです。

心の鍵を開ける

まだ「スポーツビジネス」という学問分野がなく、それ自体を作り出していた時期。社会人修士課程1年制コースとペーパー必修……。前例のない新しいゼミ体系を作ることは、前途多難を予感させました。ただ、ここで早稲田大学の中村好男教授と出会うことで全てが好転しました。「ハーバード大学ケネディスクールのスポーツ版を作りたい」という私の希望を全て聞き入れて下さり、大学側と折衝をしてくれたことは、決して忘れない感謝として胸に刻まれています。

また、大学院スポーツ科学研究科を立ち上げる話が出始めていた2004年のタイミングで、プロ野球に再編問題が起きたことも大きく影響しました。近鉄バファローズとオリックス・ブルーウェーブの2球団が合併する構想が表面化したことに端を発し、日本プロ野球史上初めてのストライキ、ライブドアや楽天の買収表明と続いた再編問題は、連日メディアのトップを飾ることとなり、国民の関心を集め続けました。この時大衆に突き付けられたのは、スポーツはエンターテインメントであると同時にビジネスであるということです。スポーツビジネスに対する局地的な関心の集中が、新たなゼミを作る上で追い風になった部分も少なからずあったはずです。

このように、運にも恵まれて２００６年度からスタートした早稲田大学大学院スポーツ科学研究科平田研究室。以来、社会人修士課程１年制コースは２０１７年度まで12期にわたり、延べ１３０名の修了生を送り出してきました。

正直、やりたいことは決まっていたものの、その効果は未知数だったため、スタート当初は想定通りに学生たちが成長してくれるか、半信半疑な部分もありました。そんな手探り状態でありながらも1期生、2期生……と想定をはるかに超える社会人学生たちが集まり、懸命に学問と向き合ってくれたおかげで、ゼミの形は定まっていきました。そして今では、学生たちが成長するために必要な条件、その条件を満たすための道筋が確立されました。

かつて日本サッカー協会の若い世代の方々が、あるところから爆発的な成長を見せたように、学生たちも突然ブレイクスルーを果たし、急成長を遂げる瞬間があります。

私は、そのブレイクスルーする瞬間を「心の鍵を開ける」と表現しています。

もともと、その人の中にあった潜在能力が開花する時は、徐々に表出するのではなく、一瞬で全てが表れるのです。その瞬間を見ることが、私の教える楽しみであり、喜びになっています。そのブレイクスルーポイントは人によって違います。ただし、私が1年間教える過程のどこかで、何かが個人的に引っ掛かり鍵が開く。重要なのは、鍵を開けるのは本人であるということです。教える立場である私は、そのきっかけを与えようとしているに過ぎませんし、おそらく他人には開くことができないのだと思います。

自分の力でブレイクスルーを果たし、それまでとは顔つきが一変する瞬間を何度も目の当たりにしていると、人間であれば誰でも、きっかけ一つで本人すら気付いていない能力の扉が開くのではないか、と感じてしまいます。では、人はいったいどんなきっかけで「心の鍵を開ける」のでしょうか。次章からは、その鍵がどこかに隠されている平田ゼミ社会人修士課程1年制コースでの学びを、さらに細かく紐解いていきます。

第2章

超一流育成メソッド

「見えない頂」を目指す

「一流のアスリートを、社会における超一流のリーダーに育てたい」

この言葉を実現するということは、具体的に言い換えると、入学時点のそれぞれのアスリートたちにとって、

「まだ見えない次の頂を目指す」

ということになります。平田ゼミ社会人修士課程1年制コースに入学してくる元一流のアスリートたちは、総じて皆から憧れられながらトップに上り詰め、そのトップ状態を長い間維持してきた人たちばかりです。さらに、時には手痛い敗北を喫しながら、それを乗り越えて次へ、高みへと進んでいった人ばかりです。

そんな極限状態で、激しい競争に晒されながら日本のトップに居続けた彼らが現役を引退する。トップ選手としてのキャリアが終わる。

この時、彼らの立場に立って物事を考えてみたら、どのような思いが心に湧いてくるでしょうか。

次は何をするか。

次は何ができるか。

これから、自分はどうなるのか。

とりあえず、先人たちが進んだいくつかの例に従う道もあります。ただ、先例に従う選択を

したところで、それは〝とりあえず〟であり、最終ゴールとは言い切れません。本音は、自分だけの道を行きたい。とはいえ、その〝自分だけの道〟が分からない……というところでしょう。

このような心境に陥ることは容易に想像がつきます。では、そんな不安や迷いに置かれている彼らに対して、私は何をもって貢献できるのでしょうか？

彼らと話していると、一つの特徴に気付かされます。何か問いかけをした場合、返答にものすごく身構えて、まるで怖い先輩と話すように当たり障りのない、とにかく無難なことを答えようとするのです。

次のキャリアを考えなければいけないが、出てくるイメージがあまりにも漠然とし過ぎている。一方で、これまでのキャリアが輝かし過ぎるものであっただけに、みんなから「さすが！」と思われることをしてみたいが、具体的にそれが何だか分からない。

そんなギャップが、基本的なことや常識的なことを他人に聞きにくい状態に自らを追い込み、かつ、自分がこれまで活躍してきた分野以外のことに対する無知な部分を晒したくない気恥ずかしさを生んでいるのです。

まずは、この自分で作り上げてしまった殻を破ることから手伝わなければなりません。

平田ゼミで教える3大要素

社会人修士課程1年制コースといっても、修士論文提出は翌年の1月10日前後になりますので、4月に入学してからでは、学びの期間は実質9カ月しかありません。したがって平田ゼミでは合格発表直後の1月末からゼミを始めます。それでも1年には満たないのですが、入学までにゼミ合宿を実施して補うケースも少なからずあります。

また、合格発表直後くらいの日程で、ちょうど前期の修士生たちの公開論文審査会があるので、合格者にはできるだけ参加を求めています。1年後の自分を意識してもらうわけですが、「自分は来年、本当にここまでできるのだろうか？」と、ほぼみなさんがショックを受けます。気合を入れてもらうのにぴったりの実践授業と言えるでしょう。さらに3月の優秀論文発表会で、その不安に拍車がかかります。

大学院の入試には二つの制度があります。一つはMBAのように、事前に先生と学生が折衝してはいけないもの。もう一つは理系の多くがそうであるように、先生と学生が事前にしっかりと話し合って、どういった研究がしたいのか、研究計画までしっかりと練り上げた上で入試に臨むというものです。早稲田大学大学院スポーツ科学研究科は後者の制度を採用しています。

研究計画をしっかり話し合ってから入試に臨んでもらい、晴れて合格となっても、いきなり論文審査を目の当たりにしてショックを受けるように、自分の殻を破ることから始まり、修士論文を書ききるまで、やるべきこと、越えるべき壁はいくつもあります。

ただ闇雲に手を付けても学生は混乱するばかりです。そこで、私は彼らに対してできる手伝いとして、次から述べる３要素に集約して教えるようにしています。これらによって、直ちに彼等が「まだ見えない頂」を見つけられるわけではありません。ただ、「まだ見えない頂」に向かう方向を見定め、そして、麓まで行くことができる道しるべとして、これらの教えは非常に有効です。

一つ目は、態度。

目上の人と、少なくとも会話の中身は普通に話せるようにする。敬語、丁寧語、謙譲語の方に気を取られるばかりに、肝心の論理が破壊されないようにする。同様に目下の人とも会話の中身は普通に話せるようにする。スポーツ界では、むしろ後者の方が実践は難しく感じられます。これはスポーツ界だけに限った話ではなく、例えば官庁などでも、入省年次や出身大学での先輩・後輩が論理を阻害しているなど、社会のあらゆるシーンで見受けられることです。この態度の変化によって、普通に「会話」をする環境を整える。そして次に、自分の歩んできた専門分野以外の会話も滞りなくできるようにすることを目標とします。つまり、「アウェーでも話す能力」を身に付ける。アスリートであれば、取っ掛かりは他のスポーツ分野の人との会話を通じて知識を深める。その先に、経済界や政界など、社会全般に知識を広げていきます。

二つ目は、知識。

自分が歩んできた専門分野だけでなく、異分野の人たちと普通に会話できるだけの知識を自分の力で得る。ここで重要になるのが「ＩＴスキル」と「数字」、そして「活字」です。自分の属したスポーツのビジネス面や、他のスポーツ種目を調べる際にＩＴスキルをフル活用し、感想で終わらせない〝根拠〟となるデータ、主に数字を調べ上げる。そして、それをまとめることで、第三者が見ても納得する論理の構築法を確立する。まずは自分の業績を客観的に分析することから始める。それまで自慢や恥と思っていた業績は、主観的な見方に過ぎません。それを客観的に分析して整理することで、感情を伴わないデータや知識に変換します。この過程を経ることで、自分の業績を語る上での照れや躊躇はなくなります。つまり、自分のストロングポイントを獲得することができるのです。

三つ目は、整理。

ホームでもアウェーでも分け隔てなく話せる力を身に付け、ストロングポイントを獲得したら、自分にとって一番大きなテーマを一つに絞る。まずは三つ思い付いたことがあったら、その中で自分にとって最も大事な一つを選択し、そのことについて述べるトレーニングを積んでいく。自分にとって最も大事な一つのテーマを突き詰め、深く掘り下げる。第3章で紹介する修了生の桑田真澄さんや原晋さんなどは、このトレーニングを経ることでポイントを絞り、掘り下げたコメントができるようになりました。それは、テレビのスポーツ中継時の解説やワイドショーでのコメントなどにも顕著に表れているところです。

学生が、これら3大要素をお互いの会話でミックスしていくと、会話の質が上がり、他のスポーツ分野をはじめ幅広い分野の知識を学ぶことはもちろん、タイムリーに質問する能力も身に付いていきます。そして深まった論理と広がった知識で、客観的に自分を見つめ直し整理することで新たな自分の姿と進むべき道が見えてきます。そして、またお互いの会話を通じて質を上げていく――というループを繰り返して能力を高めていきます。

この会話を最も頻繁に、大量に自然発生させる場が「飲み会」になります。これが、平田ゼミが行っているレベルアップの大まかな構図です。

まずは、今挙げた3大要素のマスターを入学から夏の時期までに目指します。

そして、秋以降は論文にまとめる作業に入ります。決して自分の次の具体的なキャリアを書くわけではありませんが、改めて「客観的とは何か」を思い知るために論文をまとめようとする行為は重要です。単に自説をまとめるのではなく、己を超えて客観的に論文を書く。この違いを、身をもって体験するのです。

当初は大学側にも、たった1年の学びで論文を書きあげることまでするのには無理があるのではないか、と危惧されていました。ですが実際に行ってみると、上記の3大要素をマスターすれば、長年にわたり研究している人よりも、逆に速く書けることが分かってきました。なぜなら、研究の一番難しい部分となるデータ集めが、元アスリートの彼らの中には「現役時の経験」として既にあるからです。さらには、データを入手するために必要なキーパーソンを知っているという「人脈的な強み」もあります。ですから、論文執筆も軌道に乗ってさえしまえば、後は速いのです。

論文を書くことにより、「自慢しているかな」「誰かに対して失礼かな」といった神経はさらに除去されていきます。ここにきて、事実やデータに基づいて「客観的か」「論理的か」という基準で、明確に話すようになるのです。

そして冬には、形こそ様々ですが、それぞれが自分のお世話になってきた分野を、より一層大きくするために解決していかなくてはならないテーマに向かい始めます。

ここまで来ると、成長スピードは加速度的になります。活字を読むことも書くことも苦手だった彼らが、どんどん文章を書き進む姿を見る。この光景を見るのが毎年何より嬉しいのです。

そして、書きあげた一世一代の論文を提出。審査会に向けた発表態度の勉強に向かう。これが、平田ゼミ社会人修士課程1年制コースの学生たちの1年の大まかな成長の流れになります。毎年毎年、素晴らしい一流の人たちとの出会い、そしてそれぞれが超一流に変化していくかけがえのない瞬間に立ち会える。そういう教授という素晴らしい仕事に巡り合えたことは幸運です。

態度――自分の立場を地ならしする

態度と知識と整理。ここからは、平田ゼミの社会人修士課程1年制コースの学生に教える3大要素を、それぞれさらに細かく紐解いて見ていきます。

まずは一つ目の教えである「態度」について、平田ゼミでの教えを述べます。

社会人修士課程1年制コースには、一流の実績を持つアスリートに加え、一流の実績を持つ指導者や経営者も入学してきます。専門としているジャンルは様々ですが、中心となるジャンルはスポーツになります。年齢層も様々です。

スポーツの世界は、良くも悪くも上下関係がきっちりしている世界です。先輩や目上の人に対する礼儀は絶対。逆に後輩に対しては面倒を見る代わりに、兄貴分のような威厳さを持ちます。年功序列、上意下達、絶対服従……こういったマインドがきっちり身に染み込んでいます。加えて、どの方も専門分野で実績を残していますから、その分野において尊敬を集めています。スポーツ界であれば、上下関係が厳格な分、敬意は一般社会のそれよりも一層大きなものになります。自分の専門分野では〝お山の大将〟ですから、周囲にはイエスマンが多く、耳障りのいい話しか入ってこないことが多くなる。称賛やお世辞に取り囲まれて、本音を聞く機会は限られてしまう。そんな「体育会系気質」がゼミにも持ち込まれるわけです。

平田ゼミでは、そんな立場を一度、地ならしします。どんなに実績を残していてもいなくても、同期の学生同士は対等。平田ゼミには社会人修士課程1年制コースの他に、学部ゼミと修士課程2年制と博士課程があります。そこで、社会人修士課程1年制コースは修士課程2年制の学生修士にも協力してもらうのです。彼らは大学を卒業して大学院に進学したばかりの、まだ社会人になる前の学生です。そんな20代前半の学生たちと、彼らより一回り以上年上で既に社会人として実績を残した学生が対等に接する場を意図的に設けるのです。

立場を地ならしする、とは「スポーツ界での特別な自分」から「一般社会での普通な自分」

にマインドセットすることです。論理よりも感覚、議論よりも命令で動いてきた立場を一変させ、キャリアをまだ蓄積していない年下の若者と対等に議論するというのは簡単なことではありません。当たり前のように受けていた敬意や特別待遇、特権をゼロにして本音トークを展開すれば、時には痛いところを突かれることもあるでしょう。アスリートとしての心技体は図抜けていても、インテリジェンスに関して学生に劣る部分があるかもしれない。いやむしろ、スポーツ界のトップにまで上り詰めたバックグラウンドを考えれば、あって当然です。

そんな時、学生から図星である指摘を受けても、最初は素直に受け入れられないこともあるかもしれません。そういった耳に痛い指摘も、抵抗なく自然と受け入れられる等身大の自分になる。これが地ならしを行うということです。

リーダーは、自分の考えを広く周囲に説得できる力を持たなければなりません。その際、独りよがりな考えでは誰も納得しないでしょう。説得力を持つためには、広く世間一般の立場に立ったニュートラルな目線での思考が求められます。自分本位でなく、かといって他人本位でもなく、上下関係もなく利害関係もない。そんな立場に自分を置くことができるように、まずは対等な人間関係を築くトレーニングをするのです。

身に染み込んでいた体育会系気質を払拭し、一般社会人としての目線を持つことは、知識や思考法を身に付ける以前に社会のリーダーとなるための必須条件。つまり、立場の地ならしは、何よりも優先すべき重要な基礎工事といえます。

態度×知識――世界の出来事を「自分事化」する

立場を地ならしできたかどうかは、普通に「会話」ができるようになったかどうかで見分けることができます。普通の会話ができるようになれば、次は「アウェーでも話す能力」の獲得を目指します。その際に必要になってくるのが「知識」です。

まずは、自分の得意とするスポーツ競技を客観視する視点を持つ。次に自分の周囲に視野を広げる。その繰り返しで、視野を外へ外へと広げていきます。そして、ゆくゆくは自分にとっての専門分野が社会活動の一部として存在していることを自覚していきます。

まず己の専門分野を客観視する際の第一歩として役立つのが、「トリプルミッションモデル」と「逆台形モデル」です（次のページの図参照）。これは、私が早稲田大学で担当している講義『トップスポーツビジネスの最前線』でも最初に教えている概念です。スポーツ競技を「勝利」「普及」「資金」という、それぞれ連関する三つの観点から考察する「トリプルミッションモデル」。年齢を重ねるごとに競技人口が減少するピラミッドモデルとは逆に、選手だけでなく指導者、メーカー、メディア、スポンサーなど、そのスポーツ競技に携わる人を含めると関わる人が逆に広がる構造からなる「逆台形モデル」。この二つに当てはめてみることで、知っていてそうで実は知らなかった自分の専門分野を深掘りしていくことができます。

自分が所属していた組織やチームを、トリプルミッションモデルと逆台形モデルで分析してみたら、次に他チームの分析をして比較してみる。すると、日本におけるそのスポーツの状況

トリプルミッションモデル

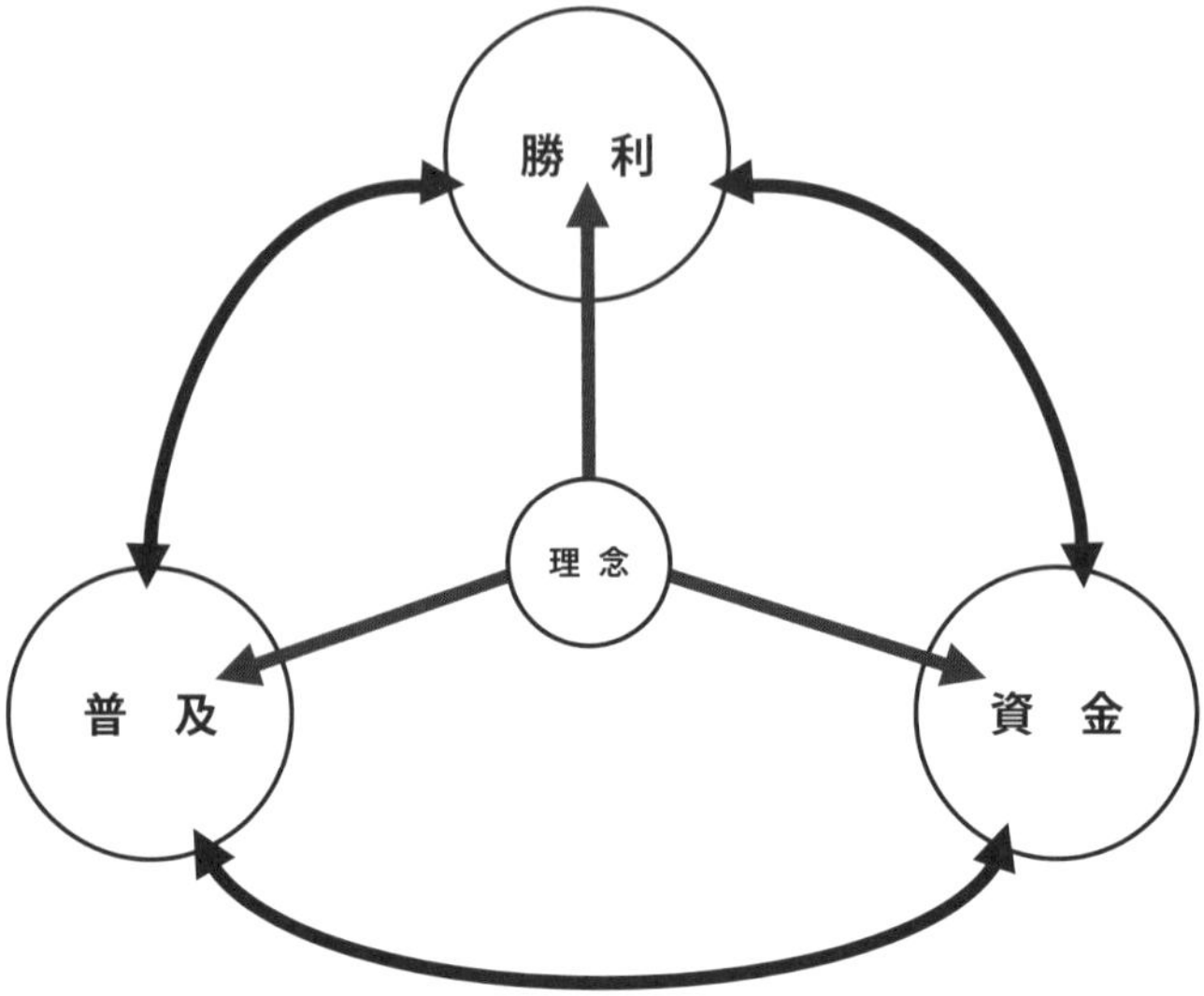

逆台形モデル

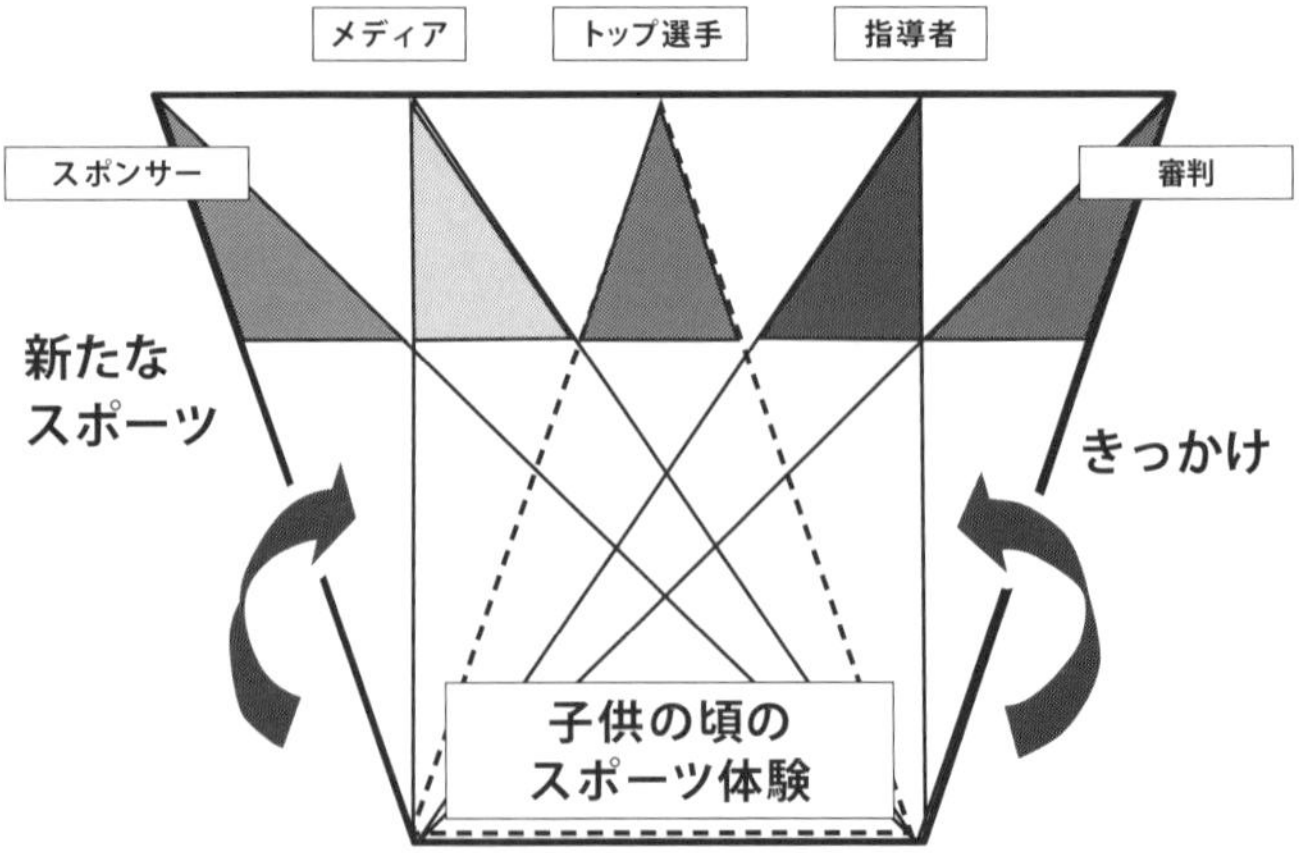

が俯瞰できるようになります。

これを、自分を取り巻いていた周囲を知るための「横軸の知識獲得」とすると、その次の段階では、日本ではメジャーでも世界ではマイナーであったり、逆に世界ではメジャーなのに日本ではマイナーであったりするなど、一つのスポーツ競技でも世界各国で見ると様々なケースがあることに気付かされます。他にも、アジアでは勝てても世界では勝てない現状や、各国での強化体制や支援体制の違いなども気になってきます。これを調べることが「縦軸の知識獲得」になります。

まずここまで調べていくまでに相応のスキルが要求されるわけですが、それは後述するとして、横軸と縦軸の知識を得るために必要な分析項目が分かると、他のスポーツ競技はどんな状況であるのか、と問題意識が外に広がっていきます。

ある競技は各国でどのような歴史を歩んできたのか。また、現在はどのような事情を持っているのか。政治との関連性は、経済との関連性は、国民の認知度は……。結果、海外のスポーツ動向や、取り巻くビジネス構造を、その国の歴史や文化といった根本から知る必要性に迫られるようになります。そこまで視点が広がると、もはや現在の国際問題や国際経済の動きが他人事ではなくなってきます。

ただ、この領域に行き着くまで視野を広げることは、簡単なことではありません。本当に知ろうとすれば、リサーチすべき対象も項目もどんどん増えていきます。当然調査する時間も多くなりますし、簡単に「国際社会の考察」といっても、動向は世界中で日々変化していますから、キャッチアップするだけで一苦労です。

そこで、平田ゼミでは世界の動向が決して他人事ではなく自分事であるという親近感を得てもらう、また、地球上で起きている日々の出来事に敏感になる習慣を身に付けるためのトレーニングを、課題を通して行っています。

「イギリスがEUからの脱退を表明したことで、日本のサッカー界にどのような影響があるか」

「北朝鮮のミサイルが日本に被弾した場合、Jリーグやプロ野球に与える影響とは」

現在、話題となっている国際問題と日本のスポーツを結び付けたテーマを課して、学生のみなさんには本気で考え、議論してもらいます。最初のうちは、全く想定していないテーマに対し、みなさんは戸惑います。それでも、発言を求められたら即時に考え、自分の意見を述べなければなりません。もちろん、答えられる人はほとんどいません。ですが、このようなテーマを与え加圧し続けることで、世界で日々起きている事象に対する関心を掻き起こす習慣が付くようになります。

すると、地球上のどこかで起きたある出来事が世界の政治経済に与える影響→スポーツに与える影響→世界各国のスポーツに与える影響→日本のスポーツに与える影響→日本のスポーツ各競技に与える影響→自分が専門としてきたスポーツ競技に与える影響……と逆算しながら順序立てて考えることができていくようになります。最初は考えをまとめるまでに時間がかかって当然です。それでも、日々メディアに出るニュースを題材に考え続ける習慣が付けば、1年が経つ頃にはいきなり振られたテーマに対しても、自分なりの見解を瞬時に述べられるようになるのです。

知識――ITリテラシーを高める

自分を出発点に、最終的に国際社会全体まで知識の視野を広げる。そのことで社会全般に対する問題意識を加速させていく。ただし、先ほども書いたように、この領域にまで達するのは簡単なことではありません。視野が広がれば広がるほど、論理的に考えようとすればするほど、知るべき項目は増え、リサーチする量も増えてきます。社会人修士課程1年制コースの学生はみなさん社会人です。当然本業の仕事がありますから、ただでさえ学習に費やせる時間には限りがあります。しかも、ゼミに在籍できる期間は1年しかありません。

では、いかにスピーディに効率的に知識の元となる情報を収集していくか。

ここで役に立つのがパソコンをはじめとしたＩＴの活用です。第1章でも述べましたが、「パソコンは自分を裏切らない最も忠実な部下」です。ですが、スポーツの第一線でアスリートとして活躍してきた方や、指導者や経営者として実績を残してきた方のＩＴリテラシーは、不足している場合が少なくありません。なぜなら、自分は目の前の課題に全精力を傾けてきた分、データ分析などはＩＴに詳しい周囲の専門家からサポートを受け続けてきたからです。

情報を幅広くかつ掘り下げるのに、ＩＴの知識は不可欠です。効率的なインターネット検索、メールの整理の仕方やツールを駆使し、ワード、エクセル、パワーポイントといったベーシックなソフトを自分の分身のように活用する。ですが、これまでキーボードを叩いた経験すら不足している人もいますから、ブラインドタッチから習得していく必要があります。

一方で、現在は多くの教育機関がそうでしょうが、早稲田大学も年々ペーパーレスになっています。履修登録からしてネットでしなければなりませんし、毎回の課題は全てネットで提出しなければなりません。平田ゼミでも毎回の授業の中には定期的な課題発表もあれば、口頭試問もあります。毎回のゼミの議事録も作成しなければなりません。その都度、発表する資料やレポートを作成したり、まとめたりしていかなければならないのです。

基本的なITスキルを習得するには手間も時間もかかりますが、スキルがあって当然とされる環境に身を置くことで、必死になります。ですが、発表への時間はどんどん迫ってくるのに、意のままにパソコンを操れずに思ったデータや参考論文を引き出せない、まとめることができない。必然的に社会人修士の方々は追い込まれるわけですが、ここで力強い味方になってくれるのが学生修士の若者たちです。

学生修士たちには、基本的なパソコンスキルが備わっています。そこで、社会人修士は彼らとそれぞれタッグを組み、パソコンの使い方から、研究の先行例や類似例の見出し方、最終的には論文の書き方まで教えてもらうのです。

年齢や社会的立場、実績は社会人修士の方があります。ですが、パソコンスキルや研究発表、論文作成に関するノウハウは学生修士の方があります。ITスキルに関しては、学生修士の方が先生になるのです。20代前半の学生修士にはエネルギーも集中力もあります。与えられた課題に対して締め切りまでにコンテンツを完成させるため、学生修士は夜中まで付き合ってくれます。その過程では、パソコン操作に何度もダメ出しをされたり、収集すべきデータを相談し合ったり、課題に関する考えを議論したりすることもあるでしょう。

この「親身になってくれる若きパートナー」がいることで、先に書いた「立場の地ならし」もさらに促進されていくことになります。精神的に追い込まれた際に、混乱や焦りによって行動がフリーズしたり、内向化して周囲から孤立したりすることがあります。ですが、そんな時に相談できる相手がいるということ、そもそも相談するという選択肢があるということを知るのも重要です。どうしても独力ではできない場合、要求に対して能力がまだ追い付いていない場合に協力を仰ぐ……では誰に協力してもらうのがベストか。自分の手を動かすことを知るのはもちろんですが、同時に周囲の協力を得るために必要な考えや行動も知る。そのことで、どれだけ作業が効率化されるか。一人で悩んでいたら永遠に突破口が見出せないような壁も、人の英知を味方にすることでどれだけ簡単に突破できるか。それを知ることは、リーダーになるために知っておくべき素養と言えます。そして、社会人修士はその素養を学生修士の若者たちから学ぶのです。

学生修士にとっても、普段は会話することはおろか、会うことも難しいような人と対等に話ができますから、とても有益な社会体験になります。目上の人と接する際の態度や意見の述べ方を学ぶことができるのです。

そしてＩＴリテラシーが高まることで、それまでと全く違うスピード感を身に付けられます。例えば平田ゼミではメールが来たら、即返事を出すことを徹底しています。メールの内容を受けて思考し返事を出す。この一連の流れが完結するまで、やろうと思えば1分でできます。一方で、数時間をかけることもできます。数時間かけることを1分で終わらせられれば、残りの時間で他のことがいくらでもできます。同様に、正しい検索も数時間でなく1分でできれば、残りの時間を他のことに使えます。エクセルの能力を最大限に用いれば、データをまとめるにしても、自分の頭と手でまとめるより数十倍～数百倍の速さでできるでしょう。

ＩＴリテラシーを高めれば、リテラシーがなかった頃から飛躍的に効率を高めることができます。それまで他の人にデータ分析を頼んでいた人が「こんなに速く、正確にまとめられたんだ」と感激することも珍しくありません。すると、時間感覚が変わってきます。1日は同じ24時間でも、それまで1週間かかっていたことが1日でできるようになる。すると、それまで1カ月かかっていたことが1週間かからずにできるようになります。その分、より外部に目を向け知識を獲得する余裕が生まれますし、一つの知識をより掘り下げられる猶予が生まれてくるのです。

知識×整理――改めて自分を顧みる

「アウェーでも話せる能力」を身に付けるための知識を得る習慣付けがなされたら、その先に待っているのは、自分の頭の中を「整理」する作業です。

自分を「スポーツ界での特別な存在」から「一般社会での普通な存在」に地ならしすることで態度を改め、社会全般に通ずる存在として自分を認知するに足る知識を得る。そうすると、それまでとは違う自分の姿が見えてくるようになります。

現役時代は目の前の競技で結果を残すことに集中してきた自分が、本当はどのような世界で活動していたのか。自分が携わってきたスポーツは、社会の中でどのような立ち位置にあり、評価を受けているのか。そしてその中で、自分はどのような存在だったのか——。主観である自分視点でなく、客観である社会視点で俯瞰して見てみると、それまでとは違う自分の姿を知ることになります。

それまで実技のことばかり考えていたところから、テレビ中継やチーム経営、スポンサー獲得といった普及、ビジネスの側面からもスポーツ競技を捉えてみる。すると、現役時代は純粋な気持ちで行っていたクリニックやスポーツ教室などの普及活動が、実はビジネスに繋がっていることに気付いたりします。自分の収入への影響だけを感じて、言われるがままに応対していたスポンサー企業との付き合いが、ゆくゆくは市場拡大に繋がり、それが国際競争力に結び付くといった政治、経済との繋がりにも気付いていきます。

現役時代は社会と切り離された独立の空間や時間の中で競技に集中していて、厳密には気付かなかったものの、実は政治経済、文化などと密接に結び付いている事実を知る。一般社会人としての客観的視点を持つことができれば、こういった事実に自然と着目し、知的好奇心が湧いてくるはずです。

整理——一番大事なことだけを選んで話す力

この客観的視点が、徐々に発言の内容を変えていきます。平田ゼミでは全て自分で考え、意見を発しなければなりません。その際、発言に何の根拠もなければ、それはただの感想です。なぜ自分はそう考えるのか。その根拠を加えることで、感想は論理になります。

この論理的思考を促進するためにも、ITスキルは役立ちます。ただし、インターネットを通じて十分な知識のインプットを果たしたとしても、それをアウトプット、つまり論理立てて外部に説明するためには、また別のスキルが必要になります。詳しくなることと、知らない人に説明することは別物なのです。

もし自分が時間をかけて調べ尽くした結果を全て語ろうとしたら、時間はいくらあっても足りません。また、説明する時間が長引けば長引くほど、そして内容が広がれば広がるほど、本当に伝えたいことが曖昧になり、論点もズレてきます。本当に言いたいことは、突き詰めれば究極的には一つに絞られます。そして、説得力を持たせるために有効なのは客観的指標であるデータです。

これらを総合すると、相手が納得するベストな説明の仕方は、グラフや表といったビジュアルを用いて、分かりやすい言葉で端的に整理して話すことです。当然、説明に要する時間も短くなります。つまり、いかに簡潔に整理するか、という能力が問われてくるのです。

自分の思考を簡潔にまとめるトレーニングは、普段からゼミの授業でも行われています。意見を求められたら、要点を三つにまとめて話す。ゆくゆくは一つにまとめるまで突き詰める。また、意見に対して何らかの質問が出た場合は、間髪入れず答える。これらの要求に応えるには、混乱しない冷静さと同時に、脳を高速回転させることが求められます。要点を最も言い当てる言葉を選択する必要にも迫られますから、語彙力も求められます。的外れな意見を言えば、容赦なく質問が飛んできます。こうして、少し大事なことでも一番大事でなければ捨象する能力を次第に身に付けていきます。

最初は、しどろもどろになって当然です。一方で、誰もが同じ加圧を受け続けていくうちに、周りに先んじて論理的かつ簡潔な説明ができるようになる人が現れます。そういった好例が出てくれれば、見て聞いている人には格好のお手本になります。客観的に自分を見つめる視点を持っていて、かつ問題意識が加速されていれば、当然、そのお手本となった人に話を聞きに行くでしょう。

こういった観察眼の有無が、話す能力の習得スピードに差をつけます。さらに進化していくと、説明時の表情や目線の置き方、立ち方にも説得力を持つ形があることに気付きます。自信と余裕が同居したような立ち振る舞いで、淀みなくはっきりした声で説明されれば、聞いている側は話がスッと頭に流れ込んできて何の違和感もなく納得してしまう――。その特徴は、弁論の上手い政治家やプレゼンテーションに長けたビジネスマンにも通じるところがあります。

自分の思うことを的確に相手に伝えるパフォーマンスは、アスリートが大一番でベストパフォーマンスを発揮するのと同じくらい困難が伴うものです。その難しさを自覚し、困難を乗り越えて説明できるスキルを身に付けると、まるで頭の中にあった憑き物が落ちたような爽快さを得るはずです。すると、話すことが楽しくなります。それまでは聞き側に徹していた人が、突然意見をぶつけるようになる。自ら積極的に会話へ乗り出すようになる。そのような瞬間に遭遇するたびに、その人の大きな成長を実感しています。

整理——「自分が本当にやりたい」答えを突き詰める

自分をニュートラルな立場に据え、社会を自分事化し論理的思考を身につけ、それらをまとめて的確に説明できるようになったらいよいよ最終段階です。

「自分が本当にやりたいことは何か」

と、改めて自分に問いかけるのです。

もし、平田ゼミに来る以前からこの問いに対する答えを持っていたとしても、この段階に至って改めて考えると、違った答えが出てくるものです。

人によっては多くの物事を知りすぎて、やりたいことが複数出てきたり、逆に見えなくなったりするかもしれません。ですが、そこで終わらせず、突き詰めて一つの答えを導き出す。ここでのポイントは、あえて自分だけの「前例のないテーマ」を見つけ出させることです。類似例はあっても、前例はない。非常に高度な要求ですが、ここで突き詰める過程、悩み尽くす思考、相談し議論を深めるといった徹底的に追い込む経験が、その人の人生ビジョンを具体的に形作っていきます。平田ゼミでは個々がやりたいと考えていることを発表し合い、それが本当にやりたいことなのかどうか、徹底的にすり合わせます。結果、途中でやりたいことを変更するケースも出たりします。そうやって、みんなで一人ひとりの人生ビジョンをクリアにしていくのです。この期に及んで、社交辞令や綺麗事は一切必要ありません。本音と本音をぶつけなければ思考は研ぎ澄まされないからです。

周囲の意見にも耳を傾けつつ、徹底的に自分と向き合っていると「これこそ、死ぬまでにどうしてもやりたいことだ」と確信できる答えを得る瞬間が訪れます。そして、それがそのまま平田ゼミの修士論文のテーマの元になります。

自分の中から本当にやりたいことを見出すことは、大変な成果です。ですが、それだけで終わったら学問ではありません。「自分の本当にやりたいこと」を実現するための道筋を論理的に解明するまでが、真の意味で「一つの答えを明らかにする」ことになるのです。

第１章でも触れたように、一つの答えを明らかにするために最も有効な方法は、「アカデミック論文にまとめる」ということです。

論文作成には、ここまで身に付けたスキルを総動員して臨んでもらいます。決めたテーマに関するデータや他分野の先行類似例、他国の類似例を集める。行き詰まれば仲間に協力を仰ぎ、他の人の意見も積極的に聞き入れる姿勢を持つ。そして、客観的に論理立てた文章を推敲しながらまとめていく。この積み重ねの先に、自分の本当にやりたいことを実現させる「答え」が待っているのです。

ここまで言葉を連ねることは簡単ですが、実践するとなるとスムーズにはいきません。途中で何度も論理破綻し、構成を最初から考え直し、データを集め直し、文章をまとめ直し……これらの作業を、頭を高速回転させながら何度も何度も行う。当事者からすれば、苦行にすら感じるかもしれません。ですが、私は逃げ口を与えずに、必ずやりきらせます。論文を最後までやりきるかどうかは、1年間培ってきた能力が本当に身に付くかどうかの分水嶺であり、最終関門だからです。

そして、見事論文を書ききり「自分の中で一つの答えを明らかにする」ことが成れば――、その人は社会における超一流のリーダーになれる資格を得たと言えます。平田ゼミから巣立った後は、論文を書く際に経験したことをその都度応用すればいいだけの話ですから。

いつの間にか「異業種交流のリーダー」に

態度と知識と整理。この3大要素をマスターし、自分のやりたいことの答えを突き詰め、論文にまとめきる。これが平田ゼミで1年間行う学びの骨格と言えます。ただし、文章では大別してまとめましたが、真の成長は3大要素がそれぞれ連関し、相乗効果をもたらすことで起こります。それが第1章でも述べた「心の鍵が開く」＝ブレイクスルーの瞬間です。

平田ゼミの社会人修士課程1年制コースの授業体系は、研究室での座学など、多くの方が共通イメージとして持たれているゼミの風景もあります。ですが、メインとなる〝学びの場〟は研究室を飛び出しての食事会、もっと平たく言えば飲み会です。なぜ、そのような体系を取っているかというと、第1章でも述べましたが、私のハーバード大学での経験に基づいているからです。知識や方法論を得て終わり、ではなく、実用的な気付きを得ることが平田ゼミの「学び」と定義するならば、研究室の授業だけでは本質的な効果が望めません。しかも1年という極めて限られた時間の中で目的を達成するためには、一歩ずつ進んでいくのではなく、同時進行かつ同時多発的に学んでいく必要があります。短期間で同時進行かつ同時多発的に学び、心の鍵を開くには、飲み会という環境が最適――これが12期生までを輩出してきた自分の結論です。

〝私の言う〟飲み会は、ハーバード大学で日々行われていたパーティをベースとしています。現役時代、いつも気を遣われる側だったアスリートたち。そんな彼らが異業種交流の場の中心に自然となれる場であり、それぞれがアウェーの話題に呼応するようになる場。そこでの会話を通してまた新たな話題が発生し、新たな気付きを生むといった化学変化を起こしていく。最終的に「話す」から「喋る」感覚になり、当たり前のように化学変化を起こせるようになれば、そのどこかで必ず「心の鍵が開く」瞬間が訪れます。すると、自分のやりたいことの答えが見えてきて、論文作成も一気に進むようになる。その先に待っているのは、社会における超一流のリーダーにふさわしい能力の獲得です。

ここでの重要なポイントは「様々な専門分野が一堂に集う」ということです。分かりやすく言えば、異業種交流がゼミで行われるということです。各自、得意とする分野では実績を残していますから、ホーム＝自分の領域に関してはある程度語ることができます。ただ、これがアウェー＝他の人の領域となると、全く話せなくなる人が多い。これは、スポーツ業界に限った話ではなく、経済界でも同じ傾向が見られることです。それを、ホームとなる話題では圧倒的に話ができるようになることはもちろん、アウェーである話題でも対等に話ができるまでに引き上げていく。つまり「異業種交流の帝王」を目指す。そうすることで、自分の視点も視野も、相手が話すことの理解度も自分が話すことの説得力も全てが変わってきます。

もちろん、最初から化学変化が引き起こされるような飲み会にはなりません。入学当初の飲み会で見られるのは、どこにでもある世間話がそこかしこで盛り上がる風景です。ですが、態度と知識と整理、この3大要素を教室で加圧し続けるうちに、飲み会の様子も変わっていきます。自分中心の話題からゼミ生に共通する一つの話題に全員が耳を傾け、発言するようになります。そこで個々から調べたデータの話が発せられ、話題はどんどん深掘りされていきます。そして、ある話題から別の話題へと自然と移り変わっていくようになります。期によって異なりますが、こういった変化が訪れるのは1年のうちのちょうど半年が経過した頃が多いでしょうか。

入学直後の飲み会で、私は一人ひとりと話をすることで、その人がいったいどんな人物なのかを把握することにまず努めます。性格や癖やリズムなど、人間性全体を把握することで、意思疎通がしやすい状態を作り上げていくのです。

この作業は、言ってみればゼミ生一人ひとりと波長を合わせていく＝チューニングしているようなものです。

振り返るに、だいたいどの期においても入学後〜夏までがチューニングをする期間です。その間はまだ体育会系気質も残っていて、私が話しかけると威勢のいい返事ばかりが返ってくる状態です。ところが、夏を過ぎたあたりからは、話題の中心はゼミで行っている研究の中身になります。私としては、研究に関する会話ができるようになってくると、波長が合ってきた実感を得ます。最初のうちは他愛のない会話も必要ですが、波長が合えば必要ありません。むしろ、ゼミ以外でできる話題は一切省いてもらって、研究内容に特化した濃密な会話を求めていきます。

ただ、一人ひとりと波長を合わせていくにも個人差があります。早く研究について話し合うようになる人もいれば、いつまでも世間話をしている人もいます。研究の話ばかりしている人からすると、私と世間話をしている人が羨ましく見えるようです。でも私からすると、研究についての話が盛り上がっている人の方が、先の段階に進んでいるわけです。むしろ、世間話を続けている人は、いつまでもチューニングが終わっていないことになります。周りから見ると楽しそうに映るのでしょうが、その実は逆で、苦しんでいるのです。

そして、ようやく全員のチューニングが終わる頃になると、次々と化学変化が見られるようになります。人には得意不得意がありますから、どこかで行き詰まったり、悩んだりしたりするものです。ですが、それでも飲み会を続けていくと、その最中に突然ひらめくことがあるのです。

例えば論理的に思考するにしても、必要なデータをどこから集めたらいいか分からず悩んでいる人がいるとします。そんな人が、別の人の業界の事例を聞いている間に、いきなり調べるべき対象に気付いたりします。また、みんなで共通の話題を語り合っている時に、他の人の意見を聞いていて、論理的な説明をするのにこれまで自分に何が欠けていたのかを瞬間的に悟ったりします。最終的には自分の意見と他者の意見を織り交ぜ、全く新しいビジネスチャンスを創出したり、スポーツの強化・普及の施策を思い付いたり、今後の世の中の動向を予見することまでもできるようになります。

それまで自分の中で思考の流れをせき止めていた何かが、ある瞬間をきっかけに消え去り、一気に流れ出す。それがブレイクスルーの瞬間、「心の鍵が開く」瞬間です。

すると、態度と知識と整理に関するあらゆる能力が瞬く間に身に付いていきます。その能力を研究にフィードバックし、クオリティが向上することでまた飲み会での化学変化を引き起こす。この好循環が、同時進行かつ同時多発的な能力の獲得を実現させるのです。

「学問を身に付ける」とは

私がやるべきは「心の鍵が開く」瞬間を見届けるまでです。飲み会でひとたび化学反応が出れば、連鎖するようになります。心の鍵を開く経験が伝播していくからです。すると相乗効果が生まれ、次々に化学反応が起きるようになります。そうすれば以後、私が加圧せずとも、みんなが化学変化を織り成すことで自動的に能力を伸ばしていくようになります。それまで伸び悩んでいたのが嘘のように爆発的な成長を見せるのはこの時です。一人と一人が喋ることでもたらされる効果が、それまでは足し算でも、その先は掛け算になっていくイメージ。この豪快にして痛快な爆発的成長を眺めるのが、私は毎年楽しみで仕方がありません。

そして1年のうち後半に差し掛かると、修士論文のテーマを決める時期がやってきます。みなさんが共通の目的を持つことで「自分が本当にやりたいことは何か」が話題の中心になります。ここで個々の考えをぶつけ合うことでまた化学反応が起き、一人では思い付くはずもなかったアイディアや発想が次々と生まれてきます。

このレベルになると、相手のために批判的な意見を発することに対しても臆さなくなります。それが本人にとって化学反応をもたらす重要なスイッチになる可能性があることを、誰もが知っているからです。時には飲み会での会話がきっかけとなって、その数日後から突然海外へデータ収集に飛び出していくこともあります。思考も速まっていれば決断も速いですから、とりもなおさずとにかく行動に出る。すると、会えるはずがない人に意外と簡単に話が聞けたり、思わぬ収穫を得たりと、また新たな発見をして成長を加速させて戻ってきたりします。

ここまで本音をぶつけ合える同志には、なかなか巡り合えるものではありません。その証拠に、平田ゼミ社会人修士課程1年制コースの修了生たちは、修了後も自発的に飲み会を開き議論を深めているそうです。最近では、期をまたいで会うことも増えたと聞きます。

超一流のリーダーに足る能力を得た者たちが、社会でその力を存分に発揮しつつ、さらに高め合う。そしてまた自分の本当にやりたいことに還元する。私は、これを「互助会」と呼んでいますが、ゼミ生は平田ゼミで学んでいる間から助け合う関係性にあります。修了後にそれぞれ異なる分野に戻っていけば、伴うビジネスも違ってきます。そこで、異業種同士が語り合う中で化学変化がもたらされる経験をした者たちが関係を持続することで、自分たちで自分たちをアップデートできるようになります。

このスパイラルに乗れば、修了生たちは当事者同士でさらに高め合い、他の追随を許さない孤高な存在に自らを引き上げていくことができます。これに競技実績が加わることで、圧倒的な自信を獲得し、唯一無二な存在に上り詰める。学んだことをその場、その時だけで終わらせず、その後の人生ビジョンに活かし続け発展させ続ける。真の意味で「学問を身に付ける」、その究極の姿はここにあるのではないでしょうか。いわば、スポーツで培われた根性が「アカデミック根性」に昇華したとも言えるでしょう。

ここまで、私が12年の教えから形作った「超一流のリーダー」を育てる体系をまとめてみました。この体系は、スポーツ界だけにとどまらず、あらゆる分野にも適用できるものだと思います。航空業界で世界を飛び回る人なら、百貨店で商品を売っている人なら、商社で辣腕を振るう人なら、ＩＴ業界で世の中を変えようとする人なら、石油会社で外渉をしている人なら、官僚として国を動かそうとしている人なら……どの業界に携わっている人も、自分の分野についてはある程度語ることは可能でしょう。ですが、そこからさらに自分を高めようと考えているのだとしたら、態度と知識と整理を掛け合わせて、まだ見ぬ頂への道筋を見出してほしいと思います。

勉強、研究とは一人でするものではなく、パートナーがいないとできないもの。ペーパーは書くものではなくて作るもの。

次の章からは、実際に平田ゼミで学んだ側からメソッドを検証してみたいと思います。本当に「心の鍵が開く」瞬間はあったのか。あったとしたらどんなタイミングだったのか。そして、学問を身につける前と後で人生ビジョンはどう変わったのか。現在どのような活動をしているかまでを本人に語ってもらうことで、その成長と変化を感じ取ってみてください。

第3章

超一流が語る平田流ハーバードの成果

社会人修士課程1年制コース修了生は130名

平田ゼミ社会人修士課程1年制コースは2017年で12期生まで迎えました。修了生は130名。社会人修士課程というなじみの薄いコースを立ち上げ、入試もある中、当初は誰が入学を希望してくれるのか見通しも立たない手探り状態でした。ですが、実際スタートしてみると、第1期から、教える私たちが緊張するほど、各方面で実績を積んだ方々が集まってきてくれました。最初の入試の時に**酒井武**さんという日本テレビの専務の方が来られて、卒倒しそうになったことをよく覚えています。修了された130名は皆がそれぞれ立派な方々です。その中から、この後11名のインタビューを紹介させていただきます。

実は、企画段階ではもっと多くの方のことも知ってもらいたいと考えていましたが、タイミングの関係でインタビューが叶わなかった修了生たちもいます。

先に、そんな彼らについて触れさせていただきたく思います。

大日方邦子さん（11期生）は、チェアスキーでリレハンメルからバンクーバーまで5大会連続で出場し、1998年の長野パラリンピックの金メダリストです。『2020年パラリンピック東京大会開催決定を契機とした企業支援増加と継続への課題』を研究テーマに、民間企業がパラリンピックをどのような形で支援できるのか、また、東京パラリンピック招致決定後に民間企業のスポンサーが増えているのかを調べ、2020年以降もその傾向が続くかどうかを研究されました。修了後は2018年に行われた平昌パラリンピックの選手団長を務めました。元選手が団長になるのは、実はパラリンピック史上初のことで、過去最高のメダル数を獲得する中、重責を担って頑張ってくれたことを非常に嬉しく思います。また、母校の中央大学の理事にも就任されて活躍の幅を大きく広げておられます。

宮澤保夫さん（８期生）は「発達障がい」という、今や広く認知されているようになった症状がまだ理解されていない頃から着目し、彼らが学ぶ機会を提供してきました。１９７２年に横浜で鶴ヶ峰セミナーという発達障がいの人を対象とした塾を開校。必ずしも毎日登校しなくてもいいという前提で、現在で言う通信制スクールを独自の体系で作り上げられました。来たい人は毎日来てもいいし、来たくなければ来なくていいから通信で勉強する。個性に応じてそれぞれを受け入れることから始め、その後幼稚園から星槎大学、星槎大学院まで作り上げました。その歩みを複数の段階に分けて、その時々で学校法人認可の壁や、中学・高校・大学と認められていく過程での壁をどのようなアクションで乗り切ってきたかということを『不登校、学習障がい、発達障がい生の教育的環境づくりについての研究―星槎グループの発展過程―』という論文に整理してまとめられました。星槎大学では通信制で体育教員の免許を取得できる、日本で唯一の体系も作り上げられました。２０１７年のプロ野球ドラフト会議では高校の選手が指名され、また、高校の女子サッカー部も全国大会上位に進出する活躍を見せるようになり、なでしこジャパンのトップカテゴリーにも選ばれる選手が出るなど、新たに作り上げられた体系で着々と実績を積み上げられています。

宮澤さんと同期の**渡辺俊太郎**さん（８期生）は、日本写真判定株式会社代表取締役かつ弁護士という肩書の持ち主。自転車を心から愛しており、競輪界が地盤沈下し退潮していることに憤りを感じて、どのような施策を打てば競輪人気がカムバックするかを念頭に『競輪場が果たすべき役割についての研究』をテーマに選びました。渡辺さんの会社が指定管理者を務める千葉競輪場が、自治体より2018年3月をもって廃止という方針が出されました。そこで渡辺さんは、千葉競輪場を今まで日本にはなかった、1周250mの世界規格の競輪場にして競輪の振興を行いたいということで自費での建て替えを決意、地元の行政と自治体を説得して実現に進むことになりました。この日本で初めての国際規格競輪場の建設、しかも民間の力で実現させたのは渡辺さんです。その決断力と行動力は素晴らしいと思います。自転車競技関連の修了生では他にアテネオリンピック銀メダリストの**長塚智広**さん（6期生）、日本自転車競技連盟理事の**松倉信裕**さん（6期生）、元競輪選手の**安福洋一**さん（5期生）もいます。

東野智弥さん（6期生）は、2018年3月現在、日本バスケットボール協会の技術委員長を務めています。平均身長が日本とほぼ変わらないアルゼンチンが、なぜオリンピックでメダルを獲得するなど国際的に強さを発揮しているのかを研究されました。その論文『男子アルゼンチンバスケットボールの強化・育成に関する研究』が、当時Bリーグ立ち上げに尽力されていた川淵三郎さんの目に留まり、評価されて技術委員長に抜擢されたという経緯があります。自身はbjリーグ時代に浜松・東三河フェニックスのヘッドコーチとしてチームを優勝させた実績の持ち主。その実績から協会の技術委員長へと、見事な栄転を果たされました。6期生には東京アパッチの社長などを歴任した**日下部大次郎**さんがいて、絶えず深い激論をしていたことが印象的です。

井上透さん（5期生）は穴井詩、川岸史果、成田美寿々という女子プロゴルファー3人をトーナメントで優勝させたプロ選手のプロコーチです。彼は、韓国のプロゴルフがなぜ強いのかという点に着目して『韓国におけるプロゴルファーの強化・育成に関する研究』という論文にまとめました。現在は、日本におけるゴルフコーチング、その新たな領域を開発されています。特にジュニア層の国際経験が必要ということで、ジュニアのワールドカップに送り込む国内予選大会のイベンターなどもされています。

江口晃生さん（4期生）は、言わずと知れた競艇界の大スター。サッカー界で言うところの三浦知良（カズ）選手みたいな存在です。競艇場へは携帯電話やパソコンを持ち込めない厳格なルールがあり、それが研究を進める上でのハンデとなったはずですが、『競艇界のさらなる発展に向けた改善策に関する研究』という濃密な論文をまとめました。その内容もさることながら、論文発表会では後方に映し出されるスライドを一度も振り向くことなく説明しきるなど、発表態度も模範的な方でした。この後紹介する桑田真澄さんとは同期。この期の「桑田・江口2強体制」は深く記憶に刻まれています。

荒井秀樹さん（2期生）はパラリンピックスキーの日本代表監督。新潟で行われた知人の娘さんの結婚式に出席した際、同席された株式会社日立システムアンドサービス（現・株式会社日立ソリューションズ）の役員の方と東京に帰る車中で偶然隣になった際、パラリンピック振興の意義を説き、支援を取り付けたという大変な説得力の持ち主です。そのご縁をもとにまとめた『日立システムスキー部の事例からみる障がい者スポーツ支援モデルに関する研究』は、私にとって最初のパラリンピックに関する論文だったのでとても印象的です。２０１５年からは早稲田大学でパラリンピックの授業を共に行ったり、札幌オリンピック・パラリンピックの誘致を手伝ってくださっています。２０１８年3月の平昌パラリンピックでは、教え子の新田佳浩選手が6大会連続出場を果たし、金メダルを取りました。早稲田大学スキー部監督の**倉田秀道**さん（10期生）の教え子の村岡桃佳選手も、金メダルを含む1大会5メダルを獲得するなど大きな実績を残しています。**大川裕二**さん（3期生）は日本デフバレーボール協会の理事長・強化部長として、デフバレーボールの強化・普及に力を注いでいます。東京オリパラ組織委員会国際渉外スポーツ局でも活躍されています。

井上智治さん（1期生）は東大法学部を卒業されていて、ビジネス面においても経営コンサルティング会社経営など、ものすごい実績の持ち主でした。そんな方に入学いただけると聞いた時は「何を勉強するのだろう」と思いましたが、『日本プロ野球球団の自律的経営モデルに関する研究―東北楽天の新規参入と健全経営の考察―』という論文がその後、プロ野球・楽天球団のオーナー代行やパ・リーグ理事長としての活躍に繋がったことで納得したものです。

中村恭平さん（3期生）は、在学中に経営していた株式会社トライステージを上場されました。研究テーマ『フットサルクラブの発展に関する研究～府中アスレチックFCのFリーグ参入からトップクラブ定着へ』を元に、現在はFリーグに所属する府中アスレティックFCをオーナーとして率い、日本サッカー協会のフットサル委員にも就任されました。２０１７年はトルクメニスタンのフットサル代表監督を務めていました。同期には日本経済新聞記者の**谷口修**さんもいます。日本ラグビーの普及に記事で貢献しています。

坂井利彰さん（1期生）は元プロテニスプレイヤーで、入学当時は慶応大学テニス部の監督。テニスにおける大学での育成法に注目され、『男子トップテニスプレーヤーの育成モデルに関する研究─世界ランキング100位以内日本人選手の大学における育成─』を研究テーマに選ばれました。修了後は日吉キャンパスで国際大会を企画するなど、これまでの大学にはなかった取り組みを行っています。2017年は、解説業に勤しみながらも慶応大学湘南藤沢キャンパスの常勤の教員にもなっています。テニスでは他に日本プロテニス協会前理事長の**佐藤直子**さん(5期生)、杉山愛さんの母でテニススクール経営の**杉山芙沙子**さん(5期生)もいます。

家本賢太郎さん（1期生）は、株式会社クララオンライン代表取締役社長。『僕が15で社長になった理由』（ソフトバンクパブリッシング）という著書も出されているように、中学生時に脳腫瘍の除去手術を受けた際の後遺症で車いす生活を強いられました。そしてその時パソコンを相棒にプログラミングに目覚めます。そんなご自身が苦労された過去も踏まえ『アジアにおけるITインフラ発展構造の分析とブロードバンドスポーツコンテンツの可能性』という論文を書ききり、現在も社長として活躍されています。印象深かったのは、入学式も修了式も出席できたことに対してとても感慨深くされていたことです。近頃、会社設立20周年のパーティの席で、平田ゼミのことを語ってくださったそうで、そのスピーチを聞いた方、セイノーホールディングス株式会社社長の**田口義隆**さん、品川女子学院校長の**漆紫穂子**さんが2018年に入学してきます。そのようなご縁も強く感じています。

坂井さん、家本さんと同期の**次原悦子**さん（1期生）は株式会社サニーサイドアップの社長で、当時日本サッカー界のヒーローだった中田英寿さんをマネジメントされていました。そのビジネス体系をまとめた『スポーツ選手マネジメントビジネスの変換に関する研究～中田英寿選手のケーススタディ～』の研究中に会社も上場されたことをよく覚えています。

元ＮＨＫ記者の**藤原庸介**さん（5期生）は『現代フランスにおけるスポーツ強化制度確立の政治的・経済的要因の研究』という研究テーマを調べきりました。北京オリンピックの現地の組織委員会にも入られ、現在はＪＯＣの理事をしています。主にガバナンス面へ活躍の場を広げられたことを嬉しく思っています。

金子柱憲さん（6期生）は元プロゴルファー。怪我の影響でトーナメントから退くことになりましたが、テレビの解説なども精力的に行っています。ジュニアの選手とプロの選手が同時に公式戦を回ることを日本で実現したいと『日本における新たなゴルフトーナメントモデルの提案』という論文を書き、今もその実現に向かって頑張っておられます。

土井茂さん（7期生）は、バスケットボールクラブ・京都ハンナリーズの会長。一方で、アークレイ株式会社という血糖値の自己検査機器を世界的に手掛ける会社の社長でもありました（現・会長）。『プロバスケットボールチーム　京都ハンナリーズ観戦需要と動員手法に関する研究』を書き上げ、現在チームを高めることに尽力されています。バスケットボールでいえば仙台89ＥＲＳ社長の**中村彰久**さん（12期生）、埼玉県の高校教員でバスケットボール協会の技術委員も務めている**岩崎賢太郎**さん（11期生）、琉球ゴールデンキングスの創設に携った**大塚泰造**さん（8期生）もいます。土井さんの同期にはシドニーオリンピック柔道金メダリストの**瀧本誠**さんや、クロスカントリースキー選手の育成・支援に尽力し、東京大学女子卒業生の会幹事も務める翻訳会社アークコミュニケーションズ社長の**大里真理子**さんもいます。

グッドウィル株式会社創業者・**佐藤修**さん（1期生）は一時期、スイス・ジュネーブのサッカークラブに資本参加されて、最終的に『英国プレミアリーグ上場フットボールチームへの株式投資に関する考察』を研究されました。その後、株式会社イープラスユーの代表取締役・**坂本圭介**さん（9期生）も、カタルーニャのサッカーチームを手掛けて『ガバナンス欠如が招いたＣＥサバデルＦＣの経営危機』という研究をされています。

その他にもシダックス株式会社創業者の**志太勤**さん（2期生）、株式会社講談社社長の**野間省伸**さん（2期生）、トップライフセーバーでアスリートセーブジャパン代表理事の飯沼誠司さん（8期生）、ＦＣ町田ゼルビア監督の**相馬直樹**さん（2期生）、ベトナムのホーチミン・シティＦＣ監督の**三浦俊也**さん（7期生）、そしてアルビレックス新潟会長の**池田弘**さん（12期生）、２００４年アテネオリンピック柔道男子100kg超級で金メダルを獲得した**鈴木桂治**さん（12期生）、また、谷真海さんと同様に２０２０年東京パラリンピックでパラトライアスロン出場を目指している**木村潤平**さん（12期生）などがいます。また、ＥＸＩＬＥの**ＴＥＴＳＵＹＡ**さん（12期生）が『必修化以降の中学校における現代的リズムのダンス授業の現状と処方箋』、**小堀徹**さん（12期生）が『ＮＯＵ ＣＡＭＰ ＮＯＵから見た米国ＭＬＳスタジアム設計思想の変遷についての研究』という論文を書き上げ、平田ゼミがダンスや建築の分野にも広げられ、嬉しく思っています。

個々の学生それぞれが同級生に対する好奇心の投げかけ、それを踏まえた冗談の質の変化といった「態度」を獲得し、視点が他のスポーツ分野にも広がり、かつ情報の入手方法も多様化しスピードものすごく速くなって「知識」を加速度的に得ていき、その中で自分として掘り下げるテーマを「整理」していく。そしてある時、「心の鍵」が開いて次の世界へとなだれ込んでいく。上記の修了生たちが辿ったそんなシーンを、私は今のことのように思い出します。ですが、入学時は、私なりに学生それぞれに対する仮置きのビジョンを設定しています。ですが、「心の鍵」が開いて次の世界へ向かい、これまで見えていなかった「新たな頂」を見出し、修了後も邁進してくれていることを嬉しく思います。逆に、もし修了生たちが迷うことがあったら、いつでも戻ってきて役立つ存在でいなければならないので、私も彼らの分野の勉強、アップデートをするようにしています。ですからＯＢとの飲み会もすごく重要な仕事の一つと思ってお付き合いしています。

ここまで書き連ねてきましたが、修了生たちのことを思い返すと伝えたいことがとめどなく溢れ出てきてしまいます。本来なら全員にインタビューしたかったのですが、タイミングの関係もあり、11人に代表して話してもらうことにしました。彼らの話から「超一流のリーダーに上り詰める」ことがどういうことか、「心の鍵を開く」ことがどういうことか、を理解していただければと思います。

プロ野球選手 » 野球指導者

桑田真澄

Masumi Kuwata

profile
くわた・ますみ／1968年4月1日生まれ。大阪府出身。PL学園時代は甲子園に5度出場し優勝2度、準優勝2度を経験。1985年、ドラフト1位で読売ジャイアンツに入団。エースとして活躍し、在籍21年で通算173勝141敗。MLBのピッツバーグ・パイレーツでプレー後、現役を引退。現在は野球解説者、野球指導者として、幅広く活躍中。
平田ゼミ第4期生。研究テーマは「『野球道』の再定義による日本野球界のさらなる発展策に関する研究」。

仮説と検証の野球人生

僕の野球人生は仮説と検証の繰り返しでした。思い返すと、あらゆる指導内容に「なぜだろう」と疑問を持って、その答えを自分なりに考え続けてきました。

チームに入って野球を始めたのは小学校3年生でしたが、当初から先輩たちからいじめられ、指導者からも体罰を受けました。試合になれば、みんなで相手チームの選手をヤジる。それを拒否した私はよく怒られていました。

技術的な指導に関して、コーチの指導に疑問を抱き始めたのもこの頃でした。ピッチングフォームも基本の指導を受ければ受けるほど、自分のいい感覚から離れていきました。バッティングにしても、「バットを最短距離で出せ」「上から叩け」と指導されました。でも、実際にプロ野球中継で打者のスイングを見ると、どう見てもそんな軌道になっていない。

僕のチームの監督やコーチだけが間違ったことを言っていたわけではありません。野球教室でプロ野球選手に教えてもらった時も、全く同じ指導を受けました。その後プロ野球選手になっても同じことを言われ続けました。つまり、自分が疑問に思っていることが、野球界では常識になっていたのです。

なぜ、好きな野球で殴られなければいけないのか。なぜ、コーチの指導とプロ野球選手の実際のフォームがこんなにも違うのか。小学生ながらも不思議で仕方がありません。当時から納

得するまで行動しない性格でしたから、

「どうしてですか？」

と聞きます。でも、返ってくるのは、

「これが基本なんだ」

「言われた通りにやれ」

とお決まりのフレーズばかり。

「やっぱりおかしい」と思いましたが、また殴られるので黙って言われた通りにプレーしました。自分でもしっくりしないフォームでプレーするわけですから、上達するはずがありません。結局小学生の時は、飛び抜けた選手になることなく終わりました。

転機が訪れたのは中学生になってからです。中学校の野球部の部活には、細かい技術指導をするコーチはいませんでしたので、自分の好きなフォームで投げることができたのです。すると、球も速くなり自分でも驚くような質の高いボールを狙ったところに投げられるようになりました。またその頃から、僕は高校野球やプロ野球のピッチャーの分解写真を雑誌から切り抜いて、ピッチングフォームを自分なりに研究するようになりました。今振り返ると、名投手に共通する動作を自分なりに抽出したいと考えていたんです。

よいフォームとは何か仮説を立てて、実際に投げてみて検証する。納得できなければ、また別の仮説を立てて検証してみる。その繰り返しで中学生時代に実力を付け、3年生の時には全国大会で優勝して結果を残すことができました。そして、目標であったPL学園に進学することになりました。

甲子園には、1年夏から全5大会に出場し、優勝2回、準優勝2回という結果を残すことができました。周囲からは「さぞ厳しい練習に耐えてきたことでしょう」と言われますが、実際は違います。

確かに入部当初は、朝から晩まで練習漬けの毎日でした。でも、どう考えても非効率だと感じたので、優勝した後に練習時間を3時間へ短縮することを監督に提案したんです。最初は仲間や先輩、キャプテンに相談したのですが、誰にも理解してもらえなかったので、1年生の私が監督に自ら掛け合うしかなかったのです。監督は怒った表情でしたが、「甲子園に出られなかったら元の練習に戻す」ことを条件に受け入れてもらいました。

今では珍しい風景ではなくなりましたが、ウォーミングアップ中のグラウンドには音楽を流すようにしてもらいました。高校1年で夏の甲子園に優勝し、全日本メンバーとしてアメリカに遠征に行った際、アメリカのチームではそれが当たり前だったのです。ウォームアップの目的は体をリラックスさせて練習や試合の準備を万端にすることです。それなのに、ピーンと張りつめた緊張感の中で行ったら、本末転倒だと気付かされたのです。監督も一緒にアメリカ遠征に行っていたので、ウォーミングアップの目的と、オンとオフの切り換えの大切さを説明して納得してもらいました。

読売ジャイアンツに入団後、若手の頃から取り組んだのが分煙活動です。今でこそ世の中の流れで分煙は当たり前になりましたが、当時はロッカールームでも食堂でも自由に喫煙ができました。しかし、僕は当時から受動喫煙がもたらす身体への悪影響を知っていたので、グラウンドで最高のパフォーマンスを発揮すべきプロ野球選手として納得ができませんでした。

もちろん喫煙する人にも権利はありますが、喫煙しない人にも権利があるはず。そう考えて、ロッカールームと食堂をどちらか禁煙にすることと、チームの移動バスを喫煙バスと禁煙バスに分けることを進言しましたが、なかなか受け入れてもらえるものではありませんでした。結局、分煙化を実現するには、3年ほど時間を費やしました。やっと実現した禁煙バスに乗っていたのは僕とトレーナーぐらいのものでしたが、年を経るごとに乗車してくる選手の数が増えていったのをよく覚えています。

ここに挙げたのはほんの一例ですが、自分なりに仮設と検証を続けて、野球界の常識を少しずつ変えてきたのが、僕の野球人生なのです。

大学院での研究生活

2008年3月26日。僕はアメリカ・フロリダの春季キャンプで現役を引退する決断を下しました。そして帰国する機中で、今後のキャリアを考えていました。どのような活動をしたら、日本の野球界に対して恩返しができるか、考えたのです。実は、早稲田大学は子供の頃からの目標の一つでした。祖父が早稲田大学で学んでいたため、幼い頃に祖母から子守唄で聞かされていたのが『都の西北』。母も、僕が早稲田大学に入ることを望んでいました。

帰国後は野球評論家の仕事をすることは予期していましたが、僕は自分の感覚や経験だけでテレビ解説や評論をしたくないと思っていました。元プロ野球選手として培った自分の主観はもちろん大切ですが、できるだけ客観的に野球の技術を追求したい。さらには、選手の立場だけでなく、ファンや経営者など、様々な視点から野球界をよりよいものにするための研究をしたい。日本に着くまでの間に、僕はそんな心境に至りました。

そして帰国後、早稲田大学大学院にスポーツ科学研究科社会人修士課程1年制コースがあることを知ります。経営学から法律まで、スポーツビジネスを広く学べるということが魅力的に感じられました。

とはいえ僕の学歴は高校卒です。早稲田大学大学院で学ぶことは半ば諦めていましたし、この年齢で入試に失敗したら、世間やマスコミから笑われるかもしれないとも思いました。でも、入学の可能性があるなら、とにかく前に進むべきだと出願の準備を決断しました。書類の準備も面接も本当に苦労しましたが、入試は見事合格。２００９年に平田竹男先生が教鞭をとるスポーツ科学研究科社会人修士課程1年制コースの第4期生として入学しました。

入学してみると、研究は想像以上に大変でした。夜の9時半に授業が終わって帰宅したら10時半。それから与えられた課題を当日の11時59分までに提出しなければなりません。

課題も難解なモノばかりです。「国内大手電機企業の過去10年間の戦略について論ぜよ」といった、これまで考えたこともない課題が次々と出てくる。それを限られた時間で提出しなければならないのですが、最初の頃はパソコン操作すらままなりません。時には、11時59分に一度メールで提出しておいて、30分後に「先ほどは送り間違えました。こちらが正しいものです」といって再送信したりしました。当然、夕食など食べている暇もなく、ひたすら追い込まれ続けた1年間でした。

その頃の1週間のスケジュールは日曜日、月曜日に仕事をして、火曜日から金曜日の夜間、午後6時半から9時半までが授業。土曜日は午前9時から午後8時くらいまで、みっちり講義を受けました。

講義ではスポーツビジネスをテーマに、政治、経済、法律など、幅広いジャンルを学ぶことができました。法律のように一見なじみがない分野でも、スポーツに関する身近な話題から入って、徐々に深掘りしていくので理解しやすかったです。競技ごとの議論も、例えば単にサッカーを一括りにするのでなく、ドイツやイタリア、フランスなど国ごとに分析しながら学べたので、物事を比較して考える習慣を養えました。

また、様々な競技に関わるクラスメイトに恵まれたので、野球以外にサッカー、ラグビー、水泳、ハンドボール、ボートレースといったスポーツを観戦したこともいい勉強になりました。その時感じたのは、野球界だけがよくなるだけでは不十分で、日本のスポーツ界全体をよりよいものにする使命感が必要だということです。

印象深い課題として、今でも覚えているのは「自分が架空のリーグを作り経営と戦力を考える」というものです。僕はプロ野球リーグをテーマに選びました。最初に「球団数は、現在と同じように12球団で1リーグ制」と書きました。北陸、四国、沖縄に1つずつチームを置いて、全国でくまなくプロ野球を発展させることを提案しました。地方球団は収益面で不利になりますから、戦力を均衡化して特定のチームだけが優勝し続けるのは難しい仕組みにする、といったアイディアを書き連ねました。これは、アメリカのプロスポーツに関する自身の知識に加えて、サッカー界の分析で気付いた考えを組み合わせたものです。日本のプロサッカーは全国にくまなくチームを増やしたことで裾野は広がりましたが、選手数が増えた上にトッププレイヤーが分散したためチームの実力は全体として下がったという指摘があります。Jリーグの取り組みについては評価すべき点が数多くありますが、チームごとの競技力向上という観点から見るとマイナスです。もしプロ野球で競技力と普及を両立させるには、どうしたらよいのか。そのような問いに対する自分なりの答えが、球団数は変えずに全国各地域にチームを分散させるというものだったのです。

それまで僕は、自分なりに仮設と検証という思考のプロセスで野球に取り組んできました。ところが、自分の視点は当然ながら野球選手という立場に限られたものであることが、大学院に入ったことで分かりました。野球界には選手だけでなく、球団やファンをはじめとした多様なステークホルダーがいます。また、課題を抱えているのは日本の野球界だけではなく、各国のスポーツ界はそれぞれの事情を抱えています。また、課題を深く理解するにはスポーツ界以外の世界を知らないといけない。研究の奥深さと、学び続けることの大変さを痛感しました。

その上、平田先生は学生にも研究にも妥協しない厳しさを持っていました。授業では大企業で活躍しているクラスメイトがさんざん絞られている姿を目撃しました。答えに躊躇したり、調べ方が甘かったりすると容赦なく指摘されます。ゼミ仲間の中には1カ月半で10キロやせた人もいました。

ただ、平田先生を観察していると、厳しさの根底にはスポーツへの熱意と愛情がありました。その真摯な姿勢に接しているうちに、僕の内面で火が付いた感覚がありました。本気で野球界に貢献したいのなら、中途半端な勉強の仕方ではいけない、と肚を括れたのです。中途半端なやり方で先生に叱られるということは、世の中で通用しないことを指摘されたことを意味します。それなら、常に万全の準備をして先生との議論に臨もうと決意したんです。何を質問されても、言葉に詰まることなく即答できる態勢を整えておく。そんな心がけが効いたのか、結局僕は一度も怒られたことがなかったと思います。そして、大学院で必死に準備して議論に臨むトレーニングを積んだことが、その後のキャリアで役立つことになるのです。

「誤解された野球道」から「再定義された野球道」へ

引退後に考えていたのは、お世話になった日本野球界に何か恩返しがしたいということ。そのためには、自分の経験に加えて、学問が必要だという結論に至り、大学院への進学を決意しました。

現役選手としてのプレー経験から研究計画書の準備を通じて、僕の問題意識は一つのテーマに集約されていきました。それが、修士論文のタイトルである『「野球道」の再定義による日本野球界のさらなる発展策に関する研究』です。

僕は、現役生活の最後の2年間をアメリカで過ごす幸運に恵まれました。ルーキーリーグからメジャーリーグに至る各リーグを体験し、グラウンドやクラブハウスに身を置きながら"Baseball"の実情を自分自身の目で観察することができました。その時に実感したのは、"Baseball"とはパワーとパワーの対決であり、日本人では到底追い付けない要素をぶつけ合うスポーツだという現実です。その一方で、試合中での戦術や野球に対する選手の心構えは極端に簡略化された面が多く、逆に日本野球の素晴らしさを再確認することができました。こうした実体験から、僕は日本の野球界をさらに発展させるためには"Baseball"の全てを理想化するのではなく、「野球」の歴史と伝統、そして長所を十分に理解した上で、日本野球界独自のビジョンを構築する必要があるという結論に達したのです。

日本のアマチュア野球界の長所としては、第一に挨拶などの礼儀や道具を大切にすることが挙げられます。これは、指導者が日頃から道具や礼儀の大切さを選手に伝えている努力の賜物でしょう。僕がアメリカでプレーした際には、グラブを座布団にして座り込む選手や、バットを無造作に放り投げる選手を幾度となく目撃しました。

その一方で、問題点として挙げられるのは、第一に旧態依然とした指導法が未だに続いていることです。現在、スポーツ医科学の分野では、様々な研究が進んでいます。それにもかかわらず、一部の指導者は若い選手の体力と集中力の限界を顧みることなく、連日長時間の練習を課しています。ミスが悪であるという発想に立ち、失敗した選手にしごきや罰練習を課すことで、選手の自律を抑制してしまうケースもあります。また、自身の経験や感覚に頼って、「基本に忠実に」という指導を繰り返す指導者も存在します。何より野球の教育的側面が強調されるあまり、指導者や先輩選手が体罰を与えることもあります。

僕は、日本の野球界の長所も問題点も、「野球道」と言われる価値観が発端なのではないかという考えに至りました。それであれば、欠点だけを問題視するのではなく、「野球道」という考え方を今の時代に合わせて再定義する方が適しているのではないかと思うようになったのです。

修士論文の文献調査を進めるうちに、戦前に早稲田大学初代監督を務めた飛田穂洲さんという方に行き着きました。監督時代の飛田さんは「千本ノック」という言葉を生み出したほど厳しい練習を課す一方、学生には授業に出るよう促したり、家族的な合宿所の運営を求めるなどバランスの取れた指導をしていたそうです。ところが、監督を退任して新聞社の野球評論家に転身すると、飛田さんは野球道の価値観として「練習量の重視」「精神の鍛練」「絶対服従」を強調しました。どうして飛田さんは、監督時代に実践した哲学とは異なる価値観を打ち出したのでしょうか。その鍵は戦争にありました。飛田さんが評論活動をしていた時期は、日本に戦争の影が忍び寄った時期と重なります。当時、軍部や政府は野球に対する統制を強めていました。飛田さんは、そんな圧力から野球を守るために「野球は強い軍人を養成するのに有用である」という主張を展開したのです。

戦後になると、野球を取り巻く環境は大きく変わるはずでした。ところが軍隊から復員した軍人が指導者、先輩選手、審判として旧日本軍の悪弊を野球界に持ち込みました。また飛田さんを超えようとした次世代の指導者が、バランスを欠いた猛練習を選手に課すようになったのです。こうして日本の野球界に浸透したのが「誤解された野球道」です。

この「誤解された野球道」の価値観が、現在の野球界にも浸透していることは現役の東京六大学野球選手とプロ野球選手に対して行ったアンケート調査からも明らかになりました。アンケートによると、高校時代の平均練習時間は平日４・５時間、休日は７・３時間、１週間に１日もオフがなかったという選手も４割にのぼりました。

指導者もしくは先輩から体罰を受けたことがある選手は50％、オーバーワークによる故障を経験したことがある選手も50％を超えていました。それに対して、球数制限があったという選手はわずか３％に過ぎませんでした。嬉しいことに、約７割の選手が「今の野球界では何らかの改革が必要だと思う」という回答を寄せました。

こうした調査結果に基づいて、僕は「スポーツマンシップ」を原点とした「再定義された野球道」を提言しました。この「再定義された野球道」の指導理念は練習の質の重視（サイエンス）、心の調和（バランス）、尊重（リスペクト）という三点からなります。スポーツ医科学の成果を活用して合理的な練習方法を追求すること、練習・栄養補給・休息や練習・勉強・遊びといったバランスを図ること、対戦相手や審判のみならず、チームメイトと自分自身をリスペクトすることで、社会で活躍できる人材を育成することが今の時代に即した指導理念であると考えたのです。

こうした指導理念を日本の野球界に根付かせるため、各連盟は規定を改正する必要があります。NCAA（全米大学体育協会）で実施されているような練習時間制限、WBC（ワールド・ベースボール・クラシック）のような投手の球数制限に加えて、プロアマの人材交流制限の撤廃などがその具体案です。

また、現場の指導者には社会一般のルールやモラルを順守すると共に、若い選手たちの前でスポーツマンシップを日々実践する姿勢が求められます。目の前の勝利と若い選手の将来については、選手が有望であるほど難しい選択を迫られます。しかし、そんな時こそアマチュア野球の指導者には、勝利至上主義から人材育成主義へと価値判断の基準をシフトしてほしいと思います。

甲子園の熱戦か国際試合の勝利か

2017年3月のWBCで日本はベスト4に終わりました。私もロサンゼルスで準決勝と決勝を観戦しました。その時に感じたことが二つあります。一つは、やはり日本人は「パワーとスピード」では海外の選手にかなわない、ということです。日本国内で見ると選手はパワーアップしているように見えますが、国際試合を生で見ると海外の選手との差は広がっているように思います。「パワーでかなわないなら、日本人選手はコントロールなど細かい技術を追求するしかない」という考えを僕は再認識させられました。二つ目は、「投手の故障歴がなければば、もっとよいパフォーマンスを発揮できるかもしれない」という思いです。日本人投手はアマチュア時代から投げ過ぎにより肘や肩を酷使しています。今回の代表メンバーの中には故障歴がある選手がいたでしょうし、コンディションの不安が理由で代表入りを辞退した選手もいたはずです。もしそんな選手たちが万全のコンディションだったら、日本チームの投手力はもう一段レベルアップしていたことでしょう。

野球は本来、選手寿命の長いスポーツです。野球選手がパフォーマンスのピークを迎えるのは、20代半ばから後半にかけてです。その後も適切なトレーニングを続ければ、40歳を超えてもプレーを続けることができます。水泳や陸上の短距離など身体能力が重視される競技と比べると、野球は異なる特性を持っているのです。ところが、日本の野球界を見ると、目先の勝利を優先するばかりに、10代のアマチュア選手の心身にプロ野球選手でも要求されないほどの重い負荷を与えている。そのことに気付く必要があります。

僕はアマチュア野球界に「人材育成主義」を持ち込まなければ、日本野球の未来はないと考えています。なぜなら、アマチュア野球こそ、日本野球のトップであるプロ野球に人材を輩出する供給源だからです。

今、日本で人気があるスポーツは、代表チームやトップアスリートが世界で活躍している競技です。ところが、野球は代表チームが金メダルから遠ざかっている上に、少子化の影響もあって競技人口の減少に直面しています。そんな状況で代表チームの強化とトップアスリートの競技力向上を実現するには、故障や燃え尽き症候群で、将来有望な金の卵が若くして選手生活を終えることを防ぐことが第一です。甲子園の熱戦が多くの人たちの注目を集めるのは素晴らしいことですが、高校野球で連投を続けて肩や肘の故障を誘発させておきながら、代表チームの世界一を期待するのは矛盾した考え方なんです。

選手の故障予防については、どの連盟も具体的な取り組みを始めています。そうした姿勢は評価すべきだと思いますが、さらに一歩前に進むには各連盟が「人材育成主義」という共通の理念の下で一つにまとまることが必要です。例えば、世界中のトップアスリートが出場するWBCでは、ピッチャーに厳密な球数制限が課せられています。大会終了後、すぐにレギュラーシーズンが始まるからです。しかしながら、高校野球ではその後のステージに大学野球や社会人野球、独立リーグやプロ野球、場合によってはメジャーリーグがあるにもかかわらず、投手の連投が当たり前になっています。２０１８年春の選抜甲子園からタイブレークが導入されることになりましたが、選手たちの体調を最優先に考えれば、球数制限のように、より効果的な選択肢があったのではないでしょうか。そこには、若い選手の将来よりも甲子園という大会の興行面を重視した考え方が透けて見えます。

このように、球数制限の問題一つとっても、今の日本の野球界は各連盟が部分最適で物事を決めているように思えます。つまり今、「日本の野球界は」という主語で全体最適を問える人材がいないのです。

引退後の活動

僕は野球界に脈々と受け継がれている「誤解された野球道」の実情と、今の時代に適応した「再定義された野球道」について、大学院で研究を進めました。そして修了後は、自分なりに考えた提案を日本の野球界全体に広げるべく、地道に活動を続けています。

繰り返しになりますが、日本の野球は世界に誇れる美徳を持っています。その一方で、時代と社会が変遷している中、このまま日本の野球界が現状に囚われ続けていると、遅かれ早かれ衰退してしまう。それは少子化に伴う競技人口の減少や他競技の台頭を見ても明らかで、既に「無関心層の増加」という兆候も出始めています。数十年後、日本の野球がマイナースポーツに転落してしまう恐れもあります。ですから、たとえ微力であっても、日本の野球界をよりよいものにするための活動は今から着手しないといけないのです。

現在は野球評論家としての活動の合間に、野球教室の指導や野球教本の監修、指導者講習会の講師を務めたりしています。

例えば、指導者講習会では「スポーツ」や「コーチ」という言葉の語源や野球の歴史から紹介します。スポーツを楽しむことの大切さや、コーチは選手をゴールまで安全に届ける役割を担っていることを伝えるには、語源を知ることが最適だと考えるからです。技術指導に入る前には、大人のグラウンド整備による怪我防止や熱中症予防、アイシングの方法など安全管理について話します。その後の技術指導では、キャッチボール、守備、打撃、走塁、ピッチングと各パートに分けて、自分なりの練習メソッドを紹介します。そして最後は実戦練習で、僕自身が守備やピッチングの手本を見せながら、実技の指導を行います。

ここで教える内容は、全て自分が学んだ知識と経験を融合させて作ったオリジナルです。もちろん、僕が話す内容が唯一の正解とは思っていません。野球という同じ山の頂上を目指すのに、登山口は東西南北といくつもあるからです。私は、その入り口の一つを提示しているに過ぎません。むしろ、いろんな理論や考えがあるべきですし、受講者との議論を通してよりよい方法を構築できたらと思っています。

コツコツと準備を積み重ねる強み

早稲田大学大学院修了後の2013年、僕は東京大学野球部の特別コーチに就任しました。東大は日本の最高学府であることに加えて、明治時代に日本で最初にベースボールが伝わった学校でもあります。ですから、東大で指導することには格別の意義を感じました。また、特別コーチに就任した縁で東京大学大学院総合文化研究科の研究員となり、現在は特任研究員として合理的なピッチングフォームやバッティングフォームについて研究しています。

どうしてこんなに勉強を続けているのか、ある時自分自身に問いただしたことがあります。その答えは「僕は勉強が好き」というものでした。研究活動は苦労の連続です。周囲の議論に付いていくのは大変ですし、実験しても思い通りの答えはなかなか出ません。身体も、野球選手だった時とは全く異なる部位に疲労が溜まったりします。それでも研究活動を続けられるのは、野球についての勉強なら苦にならないからです。

アマチュア選手の頃から、僕の強みは小さな努力をコツコツと積み重ねられることです。練習でも「毎日50回の素振り」と決めたら絶対にやり抜く。「毎日15分の早起き」でもいいし、「毎晩20回の腕立て伏せ」でも構いません。たとえわずかでも毎日努力し続けることで、自分だけの自信を積み重ねるのです。

信じられないかもしれませんが、地道な準備はいつの日か必ず報われます。これまで、僕の人生には多くの転機が訪れました。甲子園で優勝できたのは、毎日他の選手より少し早起きを続けたからだと思っています。読売ジャイアンツで長年プレーできたのは、いち早く栄養学や最新のトレーニング理論を学んだからだと思います。代理人をつけずにメジャーリーグに挑戦できたのも、コツコツ英語を勉強していたからです。引退後、早稲田大学大学院に入学して何とか授業についていけたのも、学生時代から勉強を続けてきたからに違いありません。

来たるべき日から逆算して、コツコツと努力を続ける。それは「日本の野球界をよりよいものにする」という目標に対しても変わりありません。

50歳からの人生に向けた準備

僕は40歳で現役を引退した時、50歳までの10年間はみっちり勉強しようと決めていました。

50歳になった時、どんな仕事に就くとしても万全の準備をしておこうと考えたのです。

　準備といっても様々な方法がありますが、僕はできるだけ自分自身で経験したいと思っています。なぜなら、何事も実際に経験しないと本質的な問題や改革の難しさが分からないからです。中学硬式野球チームの「麻生ジャイアンツボーイズ」というチームの運営に携わった際には、勝利と選手の将来のバランスを図ったり、コーチ陣全員でチームの方針を共有する難しさを実際に経験することができました。

　東京大学野球部の特別コーチを務めた時には、1勝の遠さのみならず、大学生の投手たちにとってそれまでの考え方やフォームを変えることがどれだけ難しいのか、目の当たりにしました。

　こうした経験を踏まえて将来プロ野球、特にベースボール・オペレーション（チーム運営）に関わるとしたら選手には従来以上に自律と責任を求めたいと考えています。

　一般社会で成熟した大人の言動ができるからこそ、グラウンド上でもチームの一員として結果が残せるからです。例えば、10代の選手は別として寮の門限はなくしたい。キャンプ中も、家族や恋人を呼んでいいと思います。練習は午前中で全体練習を終えて、午後は各自が時間の使い方を考える。ゴルフも好きな時にやればいい。すごく自由で楽しそうに思われるかもしれません。でもプロ野球は勝利至上主義ですから、成績を残せなかったらそれまでです。一流選手の共通点は自分で考えて行動できること。考えながらプレーするので、たとえ間違っていても軌道修正する学習能力を持ち合わせています。逆に、コーチから指示されないとできない選手には、厳しい環境になるでしょう。

球団経営については、アメリカでルーキーリーグからメジャーリーグまでプレーした経験で言うとボールパーク・オペレーション（球場運営）が重要でしょう。日本では球団と球場が別の会社で運営されている場合が多いですが、アメリカでは球団と自治体が一体となってファンの満足度向上に努めています。アメリカでは球場を新しくしたら、人気が10年近く続くというデータがあります。その間にチーム強化が進めば、収益向上と人気向上の好循環が続きます。ビジネス・オペレーション（球団経営）のソフト面については、小手先のファンサービスではなく、チームと選手がファンや地域コミュニティ全体からリスペクトされるような施策を戦略的に行うべきだと考えています。

こうした活動を僕一人で実現することは不可能です。「日本の野球界をよりよいものにしたい」と考える同志が集まって、初めて実現するものだと思っています。そのためにも、今、地道に続けている活動を通して同じ志を持った人たちと出会えたらと思っています。

アマチュア野球界が「人材育成主義」を実現することで、トップアスリートのみならずビジネス、法律、ジャーナリズムなど各界で活躍する人材が生まれる。そして、そうした人材が将来スポンサー、弁護士、スポーツジャーナリスト、ファン、指導者、そして親として野球界をサポートする。「スポーツマンシップ」という志を共有した人材が、この「逆台形モデル」を実現する日に向けて、これからも研究と実践を続けたいと思っています。

桑田真澄氏の心の鍵が開いた瞬間

お母様と奥様と一緒に来られた入学式。メディアに追われる1年でしたが、一貫して求道的な勉強態度が印象的でした。合格後の最初のガイダンスが2月にあり、（後述しますが）えこひいき論や仲間の大切さ、互助会精神などを話している時の驚きのような反応が忘れられません。

逆に、最初に出会った時点でパソコンのスキルを教えて、ガイダンス時には操作をマスターしていたことには私が驚かされました。当初はパソコンの扱いに不慣れでどのメーカーのパソコンを購入するか迷っているほどでした。それが検索、文章、データ分析と、ゼミ前期の間に着実に進化しました。研究室での発言レベルも一気に上がり、何か分からない言葉があるとすぐに検索する姿が目立つようになりました。一度「何をチェックしていたの？」と聞いたら「今出た『エンドースメント』という言葉です」と答えられたことを覚えています。

そんな勉強熱心な桑田さんに触発され、大晦日まで論文指導を求められ、年明けの1月4日には早稲田大学キャンパスが物理的にクローズになる中、桑田さんの自宅に全員で集まり、ランチをつまみながら進めるはずが、夜12時を過ぎるまで続き、奥様やお母様に大迷惑をおかけしたことを思い出します。当時お手伝いしてくれた2人の息子さんも大きくなられましたね。

桑田さんは授業時、常に席の一番前に座ってすさまじい吸収力で学問を身に付けていきました。入学当初は相当な疲労感があったらしいですが、ゼミ仲間の発表に刺激を受け、また、野球以外のスポーツを観戦することで、自分の知らないうちに学び取っているものも多かったように見受けられます。若い学生修士の川名君とのコミュニケーションなども含め、模範的な学生でした。

よくPL学園時代の厳しい上下関係の話をしました。先輩たちのユニフォームを後輩である自分が洗う際に、1階と2階の各洗濯機を、時間差を設けて稼働することで洗濯と脱水の二層式をフル回転できる。それが効率よく洗濯する極意だと。その極意を論文作成に応用するように、アンケートをしている間にも、文献探ししている間にも「洗濯機を回さないと」と言っていて、私も学生たちの論文指導を時間差で行う時に「洗濯機を回す」と言うようになってしまいました。

ただ、それまでは一緒にいても話すだけで、具体的な動きは何もありませんでした。しかし、在学中にお父様が亡くなられ、通夜、葬式に列席した際、そこでのお母様や周囲とのやり取りを見て、桑田さんのことをより理解できた気がしました。そして秋も深まった頃、研究の進め方が分からなくなり、「先生、教えてくださいよ」と言ってきました。この言葉を待っていたのです。

調べること、書くこと、分析すること、大事な順番に並べ換えることができるようになった一方で、そこからさらに論文にまとめるためにはあるテーマを「何で、どのように」裏付けるか。その手法についての質問でした。

そこで、現役プロ野球選手に対して小学校～高校の体罰についてのアンケートをすることになったわけですが、少し分かると根本的に重要なことを実行に移すことができる人でした。他のどんな研究者がプロ野球選手にアンケートしても回答してくれません。ほぼ100%という高い回収率でアンケート回答を集めることができたのは、桑田さんならではのことでした。『ハマの番長』こと三浦大輔さんが桑田さんの自宅まで届けに来たと聞いた時は、あまりのことに笑ってしまいました。

そして、ご自身も語っていますが、「心の鍵が開いた」瞬間は、飛田穂州の野球道を現代の言葉に置き換えることができた瞬間でした。

パワーポイントで簡潔なビジュアルをもって論理的に説明することの重要さを知り、ゼミ仲間の話を聞いて文献探しやアンケートの実施などの方法論を得たこと。これらが考えを深める情報を探り当て、論理的な思考を簡潔にまとめるスキルを、しかもスピーディに対処できるスキルを伸ばしたことで、最適解を得ることに繋がったのだと思います。

直感、印象や感覚を、裏付けを持って説明することのできる桑田さんがより思いを遂げ、日本の野球界のトリプルミッションを好循環させる活動を期待しています。

競泳日本代表コーチ » 東洋大教授・水泳部監督

平井伯昌

Norimasa Hirai

profile
ひらい・のりまさ／1963年5月31日生まれ。東京都出身。早稲田大学を卒業後、東京スイミングセンターへ。北島康介を金メダリストへ育てたことを筆頭に、男子は萩野公介、松田丈志、小堀勇氣、女子は中村礼子、上田春佳、加藤ゆか、寺川綾、星奈津美らメダリストを次々と輩出。2013年、東洋大学法学部准教授、水泳部の監督に就任（現・教授）。2015年日本水泳連盟理事に就任、競泳委員長に。2008年北京オリンピック、2012年ロンドンオリンピック競泳日本代表ヘッドコーチ。2016年リオデジャネイロオリンピック競泳日本代表監督。
平田ゼミ第3期生。研究テーマは「我が国における競泳種目の強化体制に関する研究」。

一つのレースから始まった革新の旅

1996年のアトランタオリンピックへ向け、当時働いていた東京スイミングセンターで優秀な選手グループのコーチをしていた時の話です。選手たちはみんな幼い頃から強さを発揮していたのですが、なぜか高校生年代になってから記録が伸び悩むという傾向が現れていました。

アトランタオリンピック代表選考会は1996年の4月。そのレースを目標にみんなが懸命に努力している。でも、直前の1月くらいから調子を急に落としていきました。私自身、国内のライバル選手たちが各大会で叩き出してくるタイムを目の当たりにして、「これは無理かもな……」と心の内に弱気の虫が出てくるのを抑えることができませんでした。

結局、代表選考会では1人の選手がベストタイムを出した以外、ほぼ全員が不本意な結果に終わってしまい猛反省することになります。

そして失意を抱いたままアトランタオリンピック本大会へ視察に行かせてもらうことになるのですが、帰国した頃には、失敗した原因を冷静に分析できている自分がいました。

今後は乱暴な言葉遣いを控えよう。どんなに年下の選手でも上から目線の物言いはやめよう。否定語はなるべく使わないようにしよう……。

これまでのやり方に縛られない自分なりの指導を、どんなプレッシャーにも打ち勝て「こいつのためなら何でもやってやる」と思わせてくれる選手に対して本気でやってみたい。そんなビジョンを抱いていたところ、ピッと視界に入ってきたのが北島康介だったのです。

以来、何の確証もない中、周囲に理解されることもなく新しい指導法での挑戦が始まりました。1997年に北島が全国中学校水泳競技大会で優勝した頃には、「タイムシート」を作りました。当時読んだ、総理大臣になられた方の著作にヒントを得た「タイムシート」。オリンピックのある年に北島は何歳で、そこから逆算していき、いつまでに何をすべきか、その時々でやるべき事柄を抽出していきました。

そして迎えたシドニーオリンピック代表選考会。高校3年生の北島は、当時第一人者と呼ばれていた林亨を100m平泳ぎで破り、代表になりました。

その後、北島がオリンピックで金メダルを獲得した4つのレースは、もちろんメモリアルなものです。ただ、個人的にどのレースが最も印象的だったかと言うと、2000年4月に東京辰巳国際水泳場で行われた日本選手権で、北島がシドニーオリンピック出場を決めたこのレースを挙げます。自分が考えた指導法で結果を出せた。その事実が大きな自信になりましたし、やっと一人前になれた気にさせてくれたからです。

あの時、北島が私に自信を与えてくれたから、その後も旧来のやり方や常識に縛られず、新しい取り組みにチャレンジしてこられたのだと思います。

マンネリを回避する新たな刺激とアプローチの必要性

これまで、日本の競泳界には旧態依然とした指導の形がありました。トップ選手と指導者が、ほぼマンツーマンの関係を保ち長期的に一点集中型で実力を伸ばしていく。これはこれでプラス面もありますが、コーチと選手も人間ですので当然、相性があります。もし相性が合わなかった場合、選手は新たなコーチを探してしかるべきと思いますが、話は簡単にはまとまりません。

師匠と弟子のような関係で人間関係を長い時間をかけて構築してきた分、そこには情や義理が生じます。すると、移籍する際には選手に大きな心理的負荷をかけることになります。

このように、歴史ある日本競泳界にはデリケートなしがらみがあるのです。

指導法もずいぶんと長い間、画一的なものでした。私は早稲田大学水泳部の出身ですが、卒業後東京スイミングセンターに就職した時もトレーニング法は全く同じでした。日本の競泳界はおしなべて、かつてオリンピックの競泳日本代表コーチでもあった小柳清志氏がまとめた「小柳方式」がベースになっていたのです。

小柳方式で特徴的なのは、指導の段階が上がるにつれてトレーニングが厳しくなっていくこと。不思議だったのは、泳ぐことがどんどん苦しくなっていく一方で、トレーニングの効果は減っていったことです。私はその点に疑問を抱いて、いろいろと研究してみました。

すると、書にしたためられている「小柳方式」のメソッドと、実際にやっているメソッドに食い違いがあることに気付かされました。客観的に捉えずに主観的に捉え続けることで、徐々に解釈が変わっていき、誰も気付かないまま間違った指導法が常識として確立されていっていたのです。

これは日本競泳界に限らず、どの組織にでも起こり得ることだと思います。当事者たちが成果を出そうと没頭するほど視野が狭くなり、客観的視点が損なわれる。真面目に団結した集団ほど皆が高い集中力でのめり込むので、何か修正点が生じていたとしても誰も気付かない。すると、ちょっとした解釈の違いや認識の違いで、誰も気付かぬうちにあるところから違ったベクトルに物事が進んでいってしまうのです。

私は1989年にアメリカのミシガン大学へ水泳の練習を視察に行ったことがあり、日本式の練習法との大きな違いにショックにも近い衝撃を受けていました。そんな、日本の競泳界を客観視できる体験をしたから気付けた事実だったかもしれません。

客観視して見えてきた、間違ったまま取り入れられている旧来変わらぬ指導法。また、それがもたらすマンネリもありました。同じ刺激を与えられていると選手はマンネリ化してしまい、刺激はなくなっていきます。すると、あるところから成長が止まってしまう。それで指導者はさらに強い刺激を与えようと練習を過酷なものにする。結果、選手はコンディションを崩し潰れていってしまう。そんな負の連鎖も見て取れたのです。

必ずしも刺激を強くすればいいわけではない。むしろ、いろんな種類の刺激を与えた方が、マンネリ化を防げるのではないか。ということは、学校での学びや外での友達との交流など、年齢相応の経験が選手にとっては何よりも新鮮な刺激になるのではないか。

そんなふうに、自分なりに日本競泳界にはびこるマンネリからの脱却法を考えていた矢先に出会ったのが北島康介でした。

「同じ刺激を与え続けない」。この教えはその後「同じアプローチだけではいけない」という指導理念に結び付いていきます。

私はそれまで「才能のない人ほど努力をしなければならない」と考えていました。ですが、水泳の才能のない人は人生の途中で競技から離れていきます。才能のある人ほど競技人生は長いわけで、つまり「才能のある人ほど努力を続けなければならない」のです。

努力の過程が長ければ長いほど、そこには紆余曲折が生じます。右肩上がりでいく競技人生もあれば、上下動を繰り返す競技人生、ずっと同じ状態が続く競技人生もあるでしょう。ただ、人間とはおもしろいもので、技術が伸びることはもちろん、人として成長したり、アプローチの仕方が変わったりすることで、再びピークを迎えることは可能なのです。

長期間努力をし続けなければならないトップ選手は、マンネリに陥りがちです。逆に言えば新しい刺激、新しいアプローチをコーチが与えることができれば、また才能の井戸から水を汲むことができるはずです。そして、その作業をしてあげることこそが、コーチの本来の役割であると考えます。以前に比べ選手人生が伸びている現在、そして、この先——選手をマンネリ化させない斬新な提案をできるコーチの重要性は、私が気付いた当時よりもっと増しているように感じられます。

霧がかかっていた方向性がクリアになっていく感覚

旧来の指導法を間違った解釈で続け、マンネリ化していた1990年代。閉塞した状況を打開するきっかけを与えてくれたのが、北島との出会いでした。そして、選手を縛りつけるデリケートなしがらみから解き放ってくれるきっかけを与えてくれたのが、中村礼子でした。

2003年、私は東京スイミングセンターで北島と二人三脚でオリンピックを目指していました。そこに、同じくオリンピックでメダルを目指す中村がやって来ました。それまで中村は他のスイミングスクール所属で、彼女ほどのトップ選手が練習拠点を変えるというのは異例のことでした。

前述したように、当時、トップ選手はコーチとマンツーマンでトレーニングするのが一般的でしたので、

「北島に金メダルを獲らせるミッションがあるのに、その上中村も見る余裕などあるのか？」

と不安視する声が外部からは聞こえてきました。重要なミッションを確実にクリアするために北島一人に指導を絞るのか。それとも、キャパシティを広げてくれるチャンスと捉えて中村も受け入れるのか。二者択一を迫られた私は、後者を選択することにしました。以来、オリンピックでメダルを獲るための北島プロジェクトと中村プロジェクトが、同時並行で進むことになったのです。とはいえ、対外的に「移籍」と見られないように気を配り、中村の所属先は当時在学していた大学にしましたが。

コアな1人の選手に合わせるだけでなく、同時に他の選手にも合わせていく。この新たなコーチングからもたらされたのは、物事の共通性や普遍性とも言うべき「核」が分かってくる感覚でした。2人を教えていて自分の指導スキルが研ぎ澄まされていく自覚があったのです。

オリンピックでメダルを狙える選手を預かる際は、大きなプレッシャーが漏れなくついてきます。ですが、指導スキルが向上している感覚を持つと、そのような事態にも物怖じしなくなっていく自分がいました。

もちろん日常は大変なことになります。オーバーキャパシティになる。でも、そんな大変な毎日を繰り返すうちに、同時進行で複数のことを考えられたり一瞬で思考を切り替えたりする癖が身に付いてきます。すると、次にどんな選手が来ようと、自分が得た「核」を元に応用を利かせるだけで済むようになっていったのです。

そして、彼らがメダルを獲得してくれた2004年アテネオリンピック後、私は続く北京オリンピックでもメダルを獲れるように次なるプロジェクトを動かしていました。すると、今度は上田春佳というトップ選手が新たに加わってきました。

トップ選手を複数同時にコーチするスタイルが新たに定着しつつある中、このスタイルを体系立てたシステムを構築できないか。自分の中のキャパシティをさらに広げられないか。その思いが早稲田大学大学院スポーツ科学研究科社会人修士課程1年制コースで学ぶ動機の一つになりました。

2008年。まさに北京オリンピックの年に、私は平田竹男先生が作った社会人修士課程1

年制コースの第3期生として入学しました。

研究テーマは「我が国における競泳種目の強化体制に関する研究」。自分がそれまで抱き続けていた、日本競泳界の強化体制に対する疑問を解消するような答えがあるのか。結果を見れば入学当初から研究したかったテーマに落ち着いているように見えますが、実際にテーマを具体的に絞るまで、そして研究を進める過程は大変なものでした。

私が在籍したのは社会人修士課程コース。社会経験を積んだ同級生たちは、誰もが立派な肩書を持っています。当然、その肩書を得るまでには苦労もされているでしょう。つまり、まだ社会に出る前段階の学生よりも打たれ強さを備えているものです。そんな百戦錬磨の猛者たちでも、平田先生と対峙すると、時に震え上がるほどの厳しさ、緊張感に接することになりました。

一見、的を射たように見える意見もすぐに反証されてしまう。先生の反応がまた速く、瞬く間にスパッと斬られてしまうイメージ。あまりにも綺麗に斬られるので、ぐうの根も出ない学生たちは悔しくてしょうがありません。

そんな厳しさに負けてしまいそうになる学生もいました。ですが一方で、みんなでそんな悔しさを打ち明け合ったり、共有したりしていくうちに自分の中に変化が生まれてきました。

飲み会などで頻繁に会話をするようになり、ゼミ仲間の話を聞くようになると、不思議と頭の中が整理されていく感覚を得るようになりました。おそらく、ゼミの修了生は誰もが感じていると思うのですが、論文を書き終わった後に振り返ると、

「今まで自分がやってきたことがまとまった」と実感できるのです。それまで、何となくぼんやりと方向性だけ見えていた自分の進むべき道が、他の人に発表したり論文にまとめたりすることで霧が晴れていくようにクリアになってくる。しかも、他の人の発表などを聞いていると、さらにクリアさが増していきます。このような体験をして、初めて平田先生がなぜ厳しくしているのか、その理由が分かった気がします。気付くまでは理解できないのですが、いったん気付くと「なるほどな」と腑に落ちる。平田先生からはいろんな知識やスキルも学びましたが、とにかく印象に残っているのは、それまでの自分の頭の中が整理されて、より高いレベルのことに効率よく取り組める態勢を整えてくれたことです。

強化体制とマネジメント体制の課題解決に取り組む

日本競泳界に通底する旧態依然とした強化体制に代わる新たな体制の模索。それに加えて、私はもう一つの課題を持ってゼミに入学していました。それは、日本競泳界におけるマネジメントについてです。

２００４年のアテネオリンピックに競泳日本代表のコーチとして参戦した時、私は東京スイミングセンターの社員でした。当時、オリンピックに出場した競泳日本代表選手たちの平均年齢は22歳。ちょうど大学を卒業する年齢です。北島と中村も22歳でした。彼らが学生から社会人になる過程で、北島はプロに、中村は東京スイミングセンターに就職することになりました。すると、海外合宿の予算立てであったり、メーカーとの水着の契約であったり、肖像権の管理であったりと、プールの外で新たに整理すべきことが噴出してきました。

私はコーチである前に社員でしたので、契約も予算も自分で決めることはできません。彼らに対してＪＯＣ（日本オリンピック委員会）からは強化費が出ますが、それも自分では自由に使えない。一度予算案を作って会社に上申し、許可を得てやっと使うことができる。そこに引っ掛かりを感じていました。

また、強化費は実績を残した選手しかもらえません。つまり、これから実績を積もうという若手選手の合宿費などは、会社側が負担することになります。その資金のやりくりにも苦労しました。

会社に頼んで講演会に出る許可をもらい、そこで得た講演料を選手の親たちに配って活動費に充ててもらっていた時期もありました。会社には若手選手の育成で金銭面を全面的に負担できる余裕がなかったため、そうするしかなかったのです。とはいえ、自分の身を削ってもわずかな資金しか作れません。会社に出してもらうにも、選手の所属先によって資金力はバラバラです。

これでは水泳とは関係ない理由で前途有望な選手たちの可能性を潰しかねない、という危惧がありました。こういった、マネジメントに類する問題を解決する道筋がほしかったのです。

北島や萩野公介など、競泳選手がオリンピックで活躍すればステータスが上がり、プロになる動きも出てきます。すると同時に、コーチも選手を指導するだけでなく、マネジメントする能力が求められるようになります。北島がプロに転向したばかりの頃、肖像権を巡って日本水泳連盟と対立したことがありました。そのようなプール外のいざこざを引き受け、立ち回れる能力に長けたコーチが、選手を助けてあげなければなりません。

指導法とマネジメント法。この2つに対する答えを探して入学した平田先生のゼミでしたが、前述の通り、それまで漠然と見え隠れしていた答えがはっきりと見えてきました。

仲間の研究発表も新しい視点をもたらしてくれました。そして自分が感じていた疑問を客観的に裏付けるために、日本競泳界の中心である選手、コーチ、スイミングクラブ、大学・大学院、スポーツメーカーなどの関係者にインタビューをしました。そして見えてきた具体的ポイントが次のようなものです。

「トップコーチの常駐」「常時使用できるトレーニング施設の存在」「トップスタッフのサポート」「マネジメントスタッフ」「パフォーマンスに直結する用具の自由な選択」「在籍制限の撤廃」「金銭的負担の解消」「セカンドキャリアに対する不安の解消」

以上8つのポイントを全て満たす拠点が日本にはないことに気付かされました。そこで、海外の類似例を調べてみることに。そして、アメリカの「The Race Club」という水泳チームに行き当たります。

「The Race Club」はシドニーとアテネの2つのオリンピックにおける競泳男子50m自由形で金メダルを獲得したゲーリー・ホール・ジュニアと、そのコーチのマイク・ボトムが運営しているチームです。ＮＰＯ法人やスポンサー企業から出資を受け、レースの開催や物販であげた収益で選び抜かれた選手をサポートし、持続的にオリンピックでの成功を収める体系は日本の強化体制の課題を克服するヒントに満ちていました。

特徴的だったのは選手に移籍を要求せず、つまり所属先は問わず、練習参加費用を負担すれば誰でも世界トップレベルのコーチングを受けられるオープンなスタンスです。一方で「世界トップクラス」という条件を設けることで、世界中から実力者のみを集める。実力者が集まれば求心力が高まる。求心力が高まればより実力者が集まり、クラブの価値が高まる。そのスパイラルは、ビジネスとしての成功要因も兼ねていると感じました。

この時の学びが、その後「平井レーシングチーム」を立ち上げるきっかけになります。

平井レーシングチーム

金メダル2、銀メダル2、銅メダル3。これは、２０１６年に開催されたリオデジャネイロオリンピックにおいて、日本競泳陣が獲得したメダルの数です。そして、合計7個のメダルのうち、4個は私の教え子たちが勝ち取ったものです。

萩野公介は４００ｍ個人メドレーで金、２００ｍ個人メドレーで銀、４×２００ｍリレーで銅と、１人で３つのメダルを獲得しました。４×２００ｍリレーに出場した松田丈志、小堀勇氣も私が指導しています。女子では星奈津美が２００ｍバタフライで銅メダルに輝きました。

これまで北島康介、中村礼子、上田春佳、加藤ゆか、寺川綾ら多くの教え子たちがオリンピックでメダルを胸にかけてもらうシーンを見てきました。オリンピックでメダルを狙える選手を預かるというのは、日常的にプレッシャーがかかってくるものです。指導も常に少しオーバーキャパシティの状態で行うことになります。そんな日々が報われる瞬間は、喜びとも安堵とも言えない感慨があります。

リオでメダルを獲得した選手たちは、私が2013年から水泳部の監督を務める東洋大学を拠点として、最新の設備と環境の下、トレーニングしてきました。萩野といった東洋大学の学生はもちろん、東京スイミングセンター所属の小堀といった学生以外の選手も所属するチーム形態の名称は「平井レーシングチーム」。名前からも察することができるように、平田先生のゼミで知った「The Race Club」をモデルにしています。北島や松田、上田や加藤もキャリアの途中からこの環境下で切磋琢磨してきました。

これまで大学のプールを使用できるのは在学生のみ、という認識が一般的だったかもしれません。しかし、本来は卒業生も使用できるのが当然でしょうし、トップレベルのスイマーたちが同じ環境で練習することになれば、少なからず周囲の選手にも相乗効果を及ぼします。社会人の選手を受け入れるのであれば、所属先からいくばくかの指導料をいただけば、それを部活動の方に還元することもできます。東洋大学にはこのようなメリットを理解いただいた上で、「平井レーシングチーム」の活動を認めてもらっています。目指すはハイレベルな選手たちが集うエリートチーム。そうすれば、恒常的に互いにレベルを高め合い続ける理想的な環境ができあがります。

ちょうど水泳部の形をアップデートしていくタイミングで推薦制度も固まり、萩野たちトップスイマーが進学してくることになった事情もありますが、東洋大学は私の構想を理解してくれています。

マネジメント面からいっても、現在の体系はプラス面が少なくありません。まず、大学の施設を使えるということが大きい。そして部活動として大学から資金も出ます。私も法学部教授として収入を得ることができます。そういった大学の部活動のメリットを活かしつつ、協力していただいている企業さんからインセンティブで収益を得ています。また、今は2020年東京オリンピックを控えていることもあり、選手にも強化費を中心に複数の名目で資金が与えられています。それらの資金を一括でプールして、海外遠征費や大学の予算内では確保が難しいトレーニング機器の購入費に充てています。

まずは、選手がトレーニングに打ち込み成長できる環境を確保する。そして、成長した選手たちがレースで勝利することで価値を上げる。価値を上げたことで増える収入で、環境をさらに整備していく。このサイクルでチームを回していきます。選手の肖像権はチームで管理し、セカンドキャリアに関しては、大学院に進むことで道筋を見出すことも可能と考えます。

東洋大学側としては、「平井レーシングチーム」の活躍によるメディア露出とイメージアップにより大学入学者の増加を見込めるはずです。まだまだ整備していくべき課題はありますが、自分が望んだ指導スタイルを実現してくれたこの体制で東京オリンピックを目指していきたいと考えています。

トップスイマーを育成し続ける連鎖

同時に複数のトップスイマーを指導する。かつて北島康介と中村礼子を同時に指導した経験から身に付けたスキルが、現在の「平井レーシングチーム」の強化体制にも繋がっています。

トップ選手たちが集えば、互いに刺激し合いながら成長を遂げることができます。その中で、例えば萩野のようにオリンピックでメダルを量産する憧れの存在が現れれば、チームの中の求心力になります。そこに新しく選手を投入すれば、自然と実力が引き上げられる。そして、実力を引き上げられた選手がまたオリンピックで結果を残すことで萩野に代わる存在になって、求心力を引き継いでいく——そんな好循環が見込まれます。

トップ選手が模範的な姿勢を示してくれれば、それを見たチームの他の選手たちは見習うようになります。リオデジャネイロオリンピックでメダルを獲った星は、ストレスを受けても常に穏やかな気持ちをキープできる強みがあるのですが、常日頃から一緒にいることで、その強みが周囲に伝わり、見習われるようになりました。萩野にしてもそうです。人の話を聞かなかった彼が聞くようになったのは、北島が積極的に話を聞こうとする姿勢を間近で見たことが大きく影響しているはずです。

ただし、トップスイマーを輩出し続ける好循環を生み出すには、ある条件が必要になります。求心力となる選手がいる間に、次の世代を育て上げなければならないのです。

これまで、北島康介と中村礼子が2004年アテネオリンピック、2008年北京オリンピックで2大会連続のメダルを獲得しました。その間にやって来た上田春佳が2012年のロンドンオリンピックでメダルを獲得しました。そして、その直後にやってきた萩野公介が、2016年のリオデジャネイロオリンピックでメダルを獲得しました。この流れに沿って私は今、萩野を指導しつつも同級生の青木玲緒樹という選手と、1学年下の大橋悠依という選手を集中的に指導しています。現在のトップと次世代トップを2段構えで教える体制です。大橋は、2017年4月の日本選手権女子400m個人メドレーで日本新記録を大幅に更新し、7月にハンガリーのブタペストで開催された世界水泳では400m個人メドレーで銀メダルを獲得しました。

そして、「平井レーシングチーム」で取り組んでいる新しい強化体制は広がりを見せ、遂には日本水泳連盟でも適用されるようになりました。「ジュニアエリート」という制度を作り、トップアスリートと次世代の選手を組ませて共にトレーニングするのです。これは今後、日本競泳界が持続的にトップ選手を育成する方法としての新たな組織的試みといえます。

新たな強化体制の実現がもたらすさらなる課題

「平井レーシングチーム」を立ち上げることで、選手環境、マネジメント面が変わるだけでなく、指導面にも変化が出てきました。

リオデジャネイロオリンピックでは、１大会で３つのメダルを獲得した萩野公介の存在感が際立ちました。間違いなく現在の日本競泳陣のエースと言えるでしょう。そして、彼が現れるまで日本競泳陣を引っ張ってきたのは、北島康介です。２００４年アテネオリンピックで１００ｍと２００ｍの平泳ぎで金メダル。４年後の２００８年北京オリンピックでも２大会連続二冠を達成した実績は、他を圧倒するものがあります。

北島康介と萩野公介。新旧の競泳界のエースを私が教えたということで、その指導法は同じだと思われるかもしれませんが、実際は全く異なります。

北島をコーチするようになった時、彼はまだ中学生でした。教える際に意識したことは、焦って一気に実力を伸ばしきるのではなく、あえて伸びしろを残しながら成長を促していったこと。練習も、タイムを落とさないギリギリのところまで量を減らすことを試しました。もちろん合宿などでは追い込みますが、練習の頻度、１度に泳ぐ距離を調節するなど適正なトレーニング内容、環境を整えることを優先したのです。

練習量を抑える分、学校の友達と遊ばせるなど、年齢相応の経験を積んでもらうことも意識しました。前述したように、その方が後々大きく成長するのではないか、と考えていたからです。指導者としては目先の結果を求めるあまり、焦って伸びしろを収穫しようとする気持ちも分かります。ですが、年齢に見合わずやみくもに水泳の部分だけを伸ばしてしまうと、人としての成長の間にギャップが生じてしまい、後に伸び悩む現象が起きてしまうのです。

中学生であれば中学生なりの、高校生であれば高校生なりの経験を等身大で得ていかなければ、周囲の同世代の仲間と話が合わなくなったり、勉学が追い付かなくなっていきます。結果、年齢相応に育つべき人格のバランスを崩し、後の人生ではそのギャップに苦しめられ続けることになります。1992年のバルセロナオリンピックの競泳女子200m平泳ぎで、若干14歳にして金メダルを獲得した岩崎恭子さんが最たる例です。年齢不相応に水泳のスキルや経験ばかりが突出してしまった。そのために、まだ少女だった人間性がアスリートとしてのレベルに追い付くまでに、その後少なくない空白期間を生んでしまいました。私は彼女のことをよく知っていますが、金メダルを獲った後の苦労は相当なものだったことがうかがえます。

ですから、北島にはあえて長期的視野に立って着実に成長していく方法を採りました。本人にはどうステップアップしていくか、ずっと話して聞かせてきました。本人が成長の道筋を理解さえしてくれれば、レベルが下がることはないと考えたからです。

北島は東京の下町出身です。幼い頃から近所付き合いが頻繁な環境で、多くの人に囲まれて生活してきたので、全体ミーティングで話をしている時も聞く耳を持っていました。他者の話をしている時も自分事として聞き、参考になることは吸収する。すると、学ぶチャンスは2倍になります。

一方、萩野は北島とはバックグラウンドの違う人間です。彼が東洋大学に入ってきてから預かるようになったという出会いのタイミングが、北島の場合より遅かったというのもあります。北島とは彼が思春期の頃から付き合うことにより濃密な人間関係が構築できましたが、萩野はすでに一通りの教育を受けてきた後から付き合うことになり、最初は人間関係を構築するために時間を費やすことになりました。

水泳を指導するコーチには、いろいろなタイプがあります。自分のスタイルにはめようとするタイプもいれば、各選手の個性に合わせていくタイプもいます。私は選手の個性を見極めながら自分の教えを当てはめていきますが、最終的には自分の考えを貫く。言ってしまえば何でもやるタイプです。

客観的には、私は丁寧に教え込む人間に見えるかもしれませんが、実際は教えを押し付けるのではなく、選手本人に考えさせることを重視しています。どの選手も最終的には「勝ちたい」気持ちを強く抱き、「では、どうすればいいか」の答えを自ら考えられるようにしていきます。

ゴールは一つですが、そこに至るまでの方法論は選手によって全然違います。北島であれば、メディアの前でわざと、

「金メダルを獲ります！」

「世界記録を出します！」

と公言させました。あえて有言実行することで退路を断たせる方法が北島には合っていたからです。短期間で目標を達成する覚悟を決めた北島は、結果を残しました。

一方、この方法は萩野には合いません。言葉の重みが10年前と今とでは違ってきているというのもあります。10年前は、宣言した手前、金メダルを獲れなければ日本に帰れないくらいの

重圧がありました。今は「金メダルを獲ります!」と公言して、もし獲れなかったとしても「また次、がんばります!」で許される雰囲気があります。これからは、また違った方法で勝利への気持ちを強めさせなければなりません。

萩野に関して実際に取り組んだのは、ヨーロッパに連れ出していろんな選手やコーチと国際交流させることです。遠征でレースに出るだけでなく、世界と交流を深めることで水泳の持つ付加価値や重み、楽しみを知ってもらい、気持ちを高めてもらうように心がけています。

北島が下町の地域でみんなに囲まれて育ってきた野生児なら、萩野は幼い頃から水泳に特化して育てられてきたエリート。みんなに囲まれてというより、マンツーマンであったり少数精鋭であったり、限られたコミュニティの中で育て上げられてきた人間です。

萩野に限らず、少数精鋭の中で育てられる子どもは今も少なくありません。そういう子たちの特徴は、指導者や社会が常に自分へ目を向けている状態を前提としていること。そうすると、話の聞き方一つとっても北島とは大きく違ってきます。全体ミーティングで話をしている時に、当事者意識を持てないのです。名指しで話さない限り、言っていることが耳に入っていかない。他人の話を聞かない人間は、得てして自分の気持ちも外部に晒け出さず、自分の殻に閉じこもりがちになります。「我が道を行く」といえば聞こえはいいですが、いわゆるコミュニケーション不全です。

私は、一人の人間として成熟することが後々競泳選手として大きな成長をもたらす、と考えているので、萩野には周囲のことを考えさせるようにしました。それこそ最初は集団行動を避けたり、内心では他人のことを小馬鹿にしている態度が見えたりしたのですが、だんだんと気を許すようになっていきました。集団の中に身を置くことで、周囲を見渡せる視点を持つように導く。そういう意味で、萩野は「平井レーシングチーム」にうってつけの人材だったかもしれません。

新しい試みに取り組めば、また新たな課題が現れます。指導者は常にベストを求め、考え、挑戦し続けなければなりません。

ただ、指導者を続けてきたこれまでを振り返り、自信を持って言えることは、

「成功する人間には成功する理由がある」

ということです。結果を出し続けていくために必要な要素を突き詰めていくと、どんなに人間のタイプが違おうとも大差ないことに気付かされます。人間はそれぞれ性格が違いますし、長所と短所があります。だから全員をいっしょくたに扱うことはできません。ただし、一人ひとりの個性を丁寧に扱っていけば、結果的に行き着く領域は同じところになります。意図的に導かずとも、やっていることが正しければ、自然とその領域に達していく感覚です。

「優秀な才能を持った人間は、その才能を開花させる権利を持ち、才能を認知したコーチは、才能を開花させる義務がある」

今は選手を成功へ導く足がかりを「平井レーシングチーム」で固め、証明していきたい。新しいアプローチによる新鮮で刺激的な日常が、ここにはあります。

平井伯昌氏の心の鍵が開いた瞬間

在学中に開催された北京オリンピックへの対応、そして結婚と、研究以外にも多くのことを共有させていただきました。

入学当初、本人が提出してきた研究テーマは『選手の「強化」を始点とした、日本競泳界全体における「普及」「市場」への好循環の検討』というものでした。ゼミで学んだ1年は、ちょうど北京オリンピックがあった2008年。選考会に直前合宿、そして夏のオリンピック本番と、非常に慌ただしく時間が経過し、大変な時期でした。

平井さんとの人間的信頼関係は、前期は勉強よりもむしろこの北京オリンピックを控え、当時注目された高速水着『レーザーレーサー』が日本水泳連盟のスポンサーの関係で着用できないという問題解決の過程で形作られました。

同期生でテレビ局員だった能智大介さんの協力も得て、オリンピック直前の競技日程や非公式大会の日程、そしてミズノの株主総会から逆算して作戦を定め、国内的な世論の盛り上がりとメディアの動きから水泳連盟として「スポンサーにかかわらず、北京で勝つためにレーザーレーサー着用はやむを得ない」という決定に持ち込みました。結果、北京オリンピックで日本競泳陣は好成績を残せたと思います。

一方、北京オリンピック後の平井さんは、スポーツマネジメントの悪い面に直面します。マネジメント会社の仕切りで、コーチをしていた北島康介選手（当時）が水泳界でお世話になった方々からの講演依頼を受けられない状況、また、平井さんと北島選手が共にテレビ出演できない状況を打破する必要性を感じ、真のスポーツマネジメントを学ぶ意識を高めました。

「プロのコーチとして「レーシングチーム」を組織し、北島選手のようなトップ選手のみならず、みんなが金銭的にも名誉的にも報われる体制を目指す。では、そのためにはどうするか。この点を考察する過程で意気投合してからは、論文完成まで一直線でした。

北京オリンピック前の高速水着問題と、オリンピック後のマネジメント問題。この年、競泳界に起きた問題提起が平井さんにブレイクスルーをもたらしました。それが「我が国における競泳種目の強化体制に関する研究」というテーマに変えることに繋がります。研究の進め方はヒアリングが中心。スイミングクラブ、大学・大学院、スポーツメーカーなど30名近くにヒアリングをしたことで現状をつぶさに分析。そしてアメリカの「The Race Club」という現在の平井体制のモデルの発見に繋がりました。

北京オリンピックと並行した研究はただでさえ忙しく、この大変な年にゼミで学ぶことを避けることもできたはずです。でも、入学時期を「今年か来年か」と相談していると、幼い頃からいつも働いていた父親を見て育ち、いつかは職人になりたいと思っていた平井さんは、私の「むしろ北京オリンピックの年の忙しさのピークの時にこそ、プロの職人としての本質が問われ、そして研究もかえってはかどるのでは？」との投げ掛けに「そう思う」と納得して入学してきました。最高のターニングポイントを迎えられたのではないでしょうか。

北京オリンピック後に出会った女性とスピード結婚するプロセスも見ていましたが、日頃選手に隠し事をするなと言っているので、自分もどこでデートしたとか選手に言わされこうなったんだと、微笑ましい限りでした。フーテンの寅さんに憧れ、いつか「さくら」と呼んでみたいと言っていた平井さんが、本当に娘さんに「さくら」と名付けたのには驚きましたが。

いずれにせよ、名コーチを学生として持つと、私の投げ掛ける言葉がこれでよいのか、絶えず気にしながらのゼミ生活でした。駆け出し教員としての私にとっても大きな学びとなった1年でした。同期にはオープンウォータースイミングの発展に貢献し、日本水泳連盟常務理事の鷲見全弘さんもいます。

パラリンピック陸上走り幅跳び日本代表 »パラトライアスロン選手

谷（佐藤）真海

Mami Tani(Sato)

profile
たに（さとう）・まみ／1982年3月12日生まれ。宮城県出身。旧姓・佐藤。早稲田大学在学中の2001年に骨肉腫を発症し、右足膝以下を切断。女子走り幅跳び日本代表として2004年アテネパラリンピック、2008年北京パラリンピック、2012年ロンドンパラリンピックに出場。2013年7月IPC世界選手権銅メダル。2020年東京オリンピック・パラリンピック招致委員会プレゼンターも務めた。2014年に結婚し、2015年に男児を出産。2016年にトライアスロンへの転向を発表。2017年9月にはパラトライアスロン世界選手権に初出場で優勝し世界ランキング2位に。現在はサントリーホールディングス株式会社に勤めながら大学の客員講師など幅広く活動しつつ、育児とトレーニングを続けながら2020年東京パラリンピック出場を目指している。
平田ゼミ第6期生。研究テーマは「各国の取り組み事例を踏まえたパラリンピック発展モデルに関する研究」。

現役時代から広げておきたかった視野

私は早稲田大学在学中の19歳の時に骨肉腫を発症して、20歳で右足の膝より下を切断しました。足を失った直後は、今後どうしていきたい、どうなりたい、という目指すべき具体像が見えませんでした。

義足での生活になって大学に戻ってからも、数カ月間は先の見えない状態が続いていました。正直、生きている意味がないとも。そんな辛い時に、母親から、

「神様はその人に乗り越えられない試練は与えない」

という言葉をもらって切り替えられたのです。手術をしていなかったらなかった命が、今はある。病気と闘って亡くなってしまった人もいる中で、自分は生きている。であれば、もっと命を輝かせる生き方をしよう。それからは、母からもらった一言を信念に、決断を迫られた時は後悔しない道を選ぶようになりました。たとえ上手くいかないことがあっても、「これは自分を成長させるチャンスだ」と気持ちをプラスに切り替えられるようになりました。

そして見つけたのが、「パラリンピアンになる」という目標です。以来、時にスポーツに救われつつ、時にスポーツの力を分け合いつつ、ずっと突っ走ってきた先に今があります。

私が走り幅跳びの日本代表として初めて出場したパラリンピックは、２００４年のアテネ大会。ただ、当時は現在ほどパラリンピックが認知されていませんでした。日本人女子の義足選手としてパラリンピックに出場したのは、私が初めてだったのです。

パラリンピックをもっと知ってもらいたい。20代の頃は普及への思いも強め、競技生活を続けつつ、イベントや講演で全国の学校を数多く回りました。

早稲田大学大学院スポーツ科学研究科の平田竹男研究室、その社会人修士課程1年制コースに入ったのは、２０１１年。社会人になって7年が経過し、パラリンピックへも２００４年のアテネ、２００８年の北京と2大会連続で出場していました。一方で20代最後の年になっていた私は、パラリンピック出場というキャリアも積んだ段階で、さらに視野や可能性を広げたい気持ちを強めていました。私はサントリーの社員として働きながらアスリートを続けていましたが、現役のうちに自分の見識を広げるだけ広げたいという気持ちがありました。現役を引退してもサントリーで働くので、セカンドキャリアに対する不安が高まっていたわけではありません。ただ、現役引退後のことは現役中に考えておきたい、でなければ遅い、という思いがあったのです。

平田先生のゼミの門を叩いたのは、何か今後の人生のプラスになるものがもたらされる、という期待感に背中を押された形です。入学当時、私はまだ現役選手でしたが、大会出場など競技生活を優先することに問題はなく、むしろ海外遠征などに出るからこそできる研究もある、と言われたことが入学の決定打になりました。

授業は一言でいうと「厳しかった」。1回1回、緊張感が途切れませんでした。ただ、私が考えていること以上の場所から話をしてくださり、自分の範囲外の広い視野からアドバイスをくださるので、自分はもちろんゼミ仲間もみんなどんどん進化していくのが目に見えるようでした。

甘えが許されない厳しさの中に身を置くことは、大変でないといったら嘘になります。でも平田ゼミの場合は逃げられない、と感じていました。なぜならゼミの先輩がいて、同期がいて、みんなもがきながら試練を乗り越えていっている。一生懸命課題を提出したり発表している姿を見ていたので、自分だけ逃げ出すという選択肢は存在しませんでした。

論文に関しても、最後は自分で書ききるのですが、そこに至るまでには仲間にアドバイスをもらい、逆にアドバイスして、みんなでみんなの論文を共有しながら協同作業で作り上げていったといいますか。みんなで一丸となって一つ一つの研究を作り上げていった感覚が強くあります。

運命を変えたアドバイス

私の論文も、多くの人の協力があったからこそ完成させることができました。自分はパラリンピアンの視点から考え、仲間にはそれぞれ自分の持ち場の視点からパラリンピックを考えてもらう。そして他のスポーツの例をパラリンピックに取り入れてみたりするなど、新たな思考をかき混ぜていくうちに、論文の骨子が見えてきた気がします。

選んだ修士論文のテーマは「各国の取り組み事例を踏まえたパラリンピック発展モデルに関する研究」。現役生活との並行は認められていたものの、平田ゼミの社会人修士課程は1年制と期間が限られています。逆算すると、入学前から研究の半分は終わらせておくぐらいの意気込みが求められました。ハチャメチャだと思いつつ、論文に関しては2011年に発表されたスポーツ基本計画に対し、当時務めていたパラリンピアンズ協会理事として意見をまとめ、『スポーツ基本計画への提言〜パラリンピアンの視点から〜』という提言書を文部科学省に提出したので、それをベースに構想を練り研究を進めることができました。

そして、夏には当初予定していた研究を終わらすことができました。計画通りに進んだことにホッと胸を撫で下ろしていたのですが、研究結果を論文に落とし込む前に平田先生から一言、アドバイスがありました。

「(パラリンピックの発展に関して) 世界はどうなんだろう?」

確かに、研究は日本に限って調べたものでした。海外の事例がなければ比較検証することもできません。そこで、諸外国の取り組み事例を網羅して「パラリンピック発展モデル」まで考えてみよう、と軌道修正したのです。

そして、このアドバイスが私の学びを大きく変えます。

論文テーマの軌道修正後、書き終えるまでの半年間は必死になって情報を集め、自分が国際大会に出た時も積極的に各国の選手やスタッフとコミュニケーションを図るようになりました。諸外国の事例を調べるには文献を漁るのももちろんですが、現場でのインタビューが最も効果的です。まさに現役選手ならではの研究メリットがここにあるわけですが、実は、英語の必要性を真剣に感じたのはこの時が初めてでした。それまでは英語は聞けても話せない状態。

ジェスチャーを交えても意思伝達がままならなかったのですが、専門的なことをインタビューするためにその程度の英語力では話になりません。そこで、なりふり構わず勉強して英語を体に詰め込みました。日本にいても英語漬けにして、世界の情勢を追い続ける。それで何とか、聞いて話す、話して聞く、という英語でのコミュニケーションができるようになりました。

最終的に、調査対象国は日本を含め13カ国に及びました。話を聞いたのは国際パラリンピック委員会（IPC）のCEOなど4名、アメリカ、スイス、ノルウェー、イラン、韓国の選手計6名、そして日本の選手4名。彼らの話を中心に検証すると、「勝利、普及、資金」のトリプルミッションが機能している国ほど強化が図られていることが証明されました。強化拠点、指導者育成、組織構造、選手発掘・育成システム、メディア活用、資金対策……、日本ではこれらの点で世界のパラリンピック先進国から遅れをとっていることが分かったのです。そしてもう一つ、パラリンピック先進国ほど、社会に根付かせるための「理念」が設定されていることに気付かされたのは大きな収穫でした。

ゼミと並行していた競技活動では、同年の東日本大震災の影響があり、練習を中断していた時期もありました。走り幅跳びで踏み切る際の足を義足側に変更する決断をしたタイミングも重なり、必ずしも思い通りにいっておらず焦りもありました。でも、強い気持ちで論文を書ききり、そのままの勢いで世界に飛び出してロンドンパラリンピックの代表権を掴むことができました。

ロンドンパラリンピックに関してはいろんな印象が残っていますが、個人的にはただ単に記録を出すためだけの大会にはなりませんでした。ゼミで学んで実践した、海外に出て積極的に情報交換をすることが、新たな楽しみとして自分の中に定着していたのです。もっといろいろ見たい、聞きたい、知りたい。まずそういう好奇心が先にあって、その中で競技でも思い切り力を発揮したい。そんな考え方にシフトしていたのです。

アテネ、北京、ロンドンと3回のパラリンピックに出場させてもらった後、自分の人生にとっての転機が訪れます。

走り幅跳びの競技は、オリンピック後も続けられる範囲で続けようとは考えていました。そしてロンドンオリンピック翌年の2013年4月には、日本人女性初の5m越えとなる5m2㎝で日本記録を更新、さらに7月の世界選手権では銅メダルを獲得。記録も伸びて充実した選手生活は続いていたのですが、この年、私にはもう一つ、大事な使命がありました。2020年オリンピック・パラリンピックを東京へ招致するための最終プレゼンターとしての役割です。

IOC総会でのプレゼンテーターという大役

会長、そしてIOCの委員のみなさま。
佐藤真海です。
私がここにいるのは、スポーツによって救われたからです。スポーツは私に、人生で大切な価値を教えてくれました。それは、2020年東京大会が世界に広めようと決意している価値

です。

本日は、そのグローバルなビジョンについてご説明いたします。

招致委員会理事長、竹田恆和。内閣総理大臣、安倍晋三。東京都知事、猪瀬直樹。招致委員会副理事長兼専務理事、水野正人。招致アンバサダー、滝川クリステル。そして、過去２大会での銀メダリストである太田雄貴選手です。

私自身の話に戻らせていただきたいと思います。

19歳の時に私の人生は一変しました。私は陸上選手で、水泳もしていました。また、チアリーダーでもありました。そして、初めて足首に痛みを感じてからたった数週間のうちに、骨肉腫により足を失ってしまいました。

もちろん、それは過酷なことで、絶望の淵に沈みました。でもそれは大学に戻り、陸上に取り組むまでのことでした。

私は目標を決め、それを越えることに喜びを感じ、新しい自信が生まれました。

そして何より、私にとって大切なのは、私が持っているものであって、私が失ったものではないということを学びました。

私はアテネと北京のパラリンピック大会に出場しました。スポーツの力に感動させられた私は、恵まれていると感じました。

２０１２年ロンドン大会も楽しみにしていました。しかし、２０１１年3月11日、津波が私の故郷の町を襲いました。６日もの間、私は自分の家族がまだ無事でいるかどうか分かりませんでした。そして家族を見つけ出した時、自分の個人的な幸せなど、国民の深い悲しみとは比べものにもなりませんでした。

私はいろいろな学校からメッセージを集めて故郷に持ち帰り、私自身の経験を人々に話しました。食糧も持って行きました。他のアスリートたちも同じことをしました。私たちは一緒になってスポーツ活動を準備して、自信を取り戻すお手伝いをしました。

その時初めて、私はスポーツの真の力を目の当たりにしたのです。

新たな夢と笑顔を育む力。希望をもたらす力。人々を結び付ける力。

200人を超えるアスリートたちが、日本そして世界から、被災地におよそ1000回も足を運びながら、5万人以上の子どもたちをインスパイアしています。

私たちが目にしたものは、かつて日本では見られなかったオリンピックの価値が及ぼす力です。そして、日本が目の当たりにしたのは、これらの貴重な価値。卓越、友情、尊敬が、言葉以上の大きな力を持つということです。

2013年9月7日。私はアルゼンチンのブエノスアイレスにいました。この地で開催されていたIOC（国際オリンピック委員会）総会で、2020年オリンピック・パラリンピックを東京へ招致するための最終プレゼンテーションを行うためです。

そこで私はトップバッターとして前記の原稿を英語でスピーチしました。45分間あるプレゼンテーションのうち、私に与えられた時間は5分。日本の代表として参加していますので、スピーチ原稿は自作では済まされません。イギリス人のコンサルタントのニックとディスカッションしながら、自分の経験、思いを日本が用意したビジョンに当てはめながら内容を決めていきました。

その際強く意識したのは、話す内容に嘘がないこと。その点にはこだわって最後まで原稿の表現に手を加えていきました。

プレゼンテーションでスピーチをすることは半年前から聞かされていましたが、原稿ができあがったのは本番のわずか1週間前。本当にぎりぎりのところで集中力を高めて練習しました。

日本を出発する時に原稿の第1案を受け取ったのですが、その時点でスピーチを日本のプレゼンテーションのどのタイミングで行うのか、順番まで決定していませんでした。想定されていたパターンは2つ。私が最後に登場して日本のビジョンを語って締め括るか。それともトップバッターとして登壇していい流れを作るか。最終的に後者に決まったと聞かされた時は、ただでさえ緊張しているのに、もし自分がミスなどをして悪い流れを作ってしまったら、後の方々にも申し訳が立たないと震え上がりました。

でも、決まったからにはやるしかありません。逆に覚悟を決めました。それからは1日1日、限られた時間の中でイギリス人のマーティン・ニューマン先生と「言葉に気持ちを込める」練習をしました。私の英語は流暢ではありませんし、発音もネイティブではありません。でも、英語に関しては不思議と先生には指摘されないのです。それよりも重視したのは「感情を込める」ことでした。

「印象に残るプレゼンテーションとは、流暢に喋ることではない。パーソナリティを前面に出して、目と目で向き合いながら明るく語りかけて言葉を聞く者の心に残す。日本では『出る杭は打たれる』という言葉があると聞いたけれど、プレゼンテーションでは出る杭になって」

というアドバイスは印象的でした。

本番2日前にはリハーサルを行いました。壇上から見渡すと、とても横に広い構造の会場であることが分かります。加えて、自分を映し出す巨大なスクリーンが背後に設置されている。おそらくＩＯＣ委員の方々は、登壇している本人よりもスクリーンを見るだろう、という話になりました。

そこで、当初は会場にいる方々みなさんに視線を送りながら話す予定だったのですが、スクリーンを通して目と目が合うようにカメラを見つめながら話すことにしました。それまで、言葉に気持ちを込めながらカメラを見つめて語りかける練習はしていなかったので、リハーサルは不調でした。そこから1日で、ニューマン先生と不安を取り除いていくトレーニングをして当日を迎えたわけです。

おかげさまで、本番ではすっきりした気持ちで話をするだけでした。日本語でなく英語だったからこそ、恥ずかしさを捨てて表情豊かに話すことができた側面もあると思います。

「言葉に気持ちを込める」ためには、とにかく自分の気持ちに嘘をつかないこと。私の場合は、幸いにも経験を交えながら語るパートだったので、病気になった時や震災の時、復興時に人の輪が広がっていくのを目の当たりにした時の実感を、情景を思い浮かべながら、当時の気持ちに立ち返って話すようにしました。

さすがに笑顔までは計算できませんでした。なので、スピーチ中に出たのは自然の笑顔だったのです。でも、後になって思うのは、「笑顔で緊張を隠すことができるんだな」ということです。本当は足がガクガク震えているのに、笑顔を見せることで見抜かれずに済む。そんなことまで含めてすごくいい経験をさせてもらいました。自分の人生にとってとても大きな契機になったことは間違いありません。

全てが肯定された感覚

今、改めて考えてみると、平田ゼミで研究した内容や半ば強制的に習得した英語が、結果としてパラリンピアンを代表してオリンピック招致に関わらせていただくことに繋がった事実に気付かされます。

招致委員会のプレゼンターとしての役割は、最終プレゼンテーションにおけるスピーチだけではありません。スピーチ以前にも、ＩＯＣの委員などに日本のパラリンピックの状況を説明する機会は少なからずありました。その時に、平田ゼミで自分がリサーチした内容がどれだけ役に立ったことか。さらに、自分の考えを自分の言葉で直接伝えられることで、どれだけ積極的になれたことか。この時、ゼミで学んでおいて本当によかったと思いました。大げさでな

く、

「世界中に友だちを作ってみた方がいいよ」

という平田先生のアドバイスがなかったら、私は東京オリンピック・パラリンピック招致で全世界に向けてスピーチすることはなかったかもしれません。

そんな貴重な機会を与えてもらったプレゼンテーションですが、参加した後残ったのは、「これまでの自分の生き方は間違っていなかったんだ」という気持ちです。

あのスピーチが終わった時、2002年に足を失って以来、ゴールも正解も見えないまま、自分を信じてがむしゃらに走ってきた11年間が、初めて認めてもらえたような気がしたのです。これでよかったんだ——と素直に思えました。

同時に、これまで支えてくれてきた方々へ、改めて大きな感謝がとめどなく湧いてきました。今をどん底に感じている若い人たちもいるかもしれませんが、「未来は明るいよ」と伝えたいです。「努力すれば、きっと成長した自分を見つけられる時が来るよ」と。20歳の時の私は、その後、パラリンピックに出場して、結婚もして子供もいる今の姿は決して想像できていませんでしたから。

東京パラリンピックを成功させるために

ただし、東京でオリンピック・パラリンピックが開催されることになったからといって、私の役割が終わったわけではありません。今後は２０２０年を成功させるために、これまでのキャリア、平田先生のゼミでの学び、招致活動にかけた思い、そしてそれぞれの現場で見てきたことを総動員して、力になれることはしていきたいと考えています。

アテネ、北京、ロンドンとパラリンピックに出場していくにつれ、大会の認知度は高まっていることが実感できました。

大会としては、２０１２年のロンドンパラリンピックが大成功した大会と言われています。私も感動しましたが、８万人収容のスタジアムが昼の部も夜の部も満員。北京パラリンピックの時も満員に近い観客が集まりましたが、それは動員されてのものでした。でも、ロンドンパラリンピックでは、観客一人ひとりが自分の意思で見に来てくれたのであって、楽しそうに声援を送り応援をしてくれている。現地のテレビや新聞も連日大きく取り上げてくれて、街全体でお祭りのような盛り上げムードを創出してくれていました。その空気感が選手たちの力になったことは間違いありません。あの都市としての成熟度の高さを、２０２０年の東京パラリンピックでも目指したいところです。

実際、東京でのパラリンピック開催が決定した２０１３年から変化が見られるようになっています。

ゼミの論文を執筆する時にも検証しましたが、パラリンピックでメダルを多く獲得する国では、オリンピアンとパラリンピアンが同じ環境、同じ指導者の下でトレーニングしているケースが多く見受けられます。

一方の日本はこれまで、オリンピックは文部科学省管轄、パラリンピックは厚生労働省管轄、と別れていて、両者の間にはスポンサーの数も強化費も雲泥の差がありました。オリンピアンを強化するために造られた味の素ナショナルトレーニングセンターも、パラリンピアンは使えない状態が続いていていました。

そんな環境が、ようやく変わってきました。パラリンピックの各競技団体にも個別でスポンサーが付くようになりましたし、選手個々の所属先も次々と決まっています。パラリンピアンがオリンピアンと一緒に集う機会も増え、大会会場でもエキシビションなどを行うケースが出始めています。

今はパラリンピアンの境遇を変えていくまたとないチャンスですし、このタイミングで変わらなければ未来永劫変わることはないだろうと感じていたので、ほっと胸を撫で下ろしています。

メディアへの露出も頻度が増してきました。認知度は間違いなく上がっているので、次は競技を観に来ていただける機会が増えてくることを望みます。その際には、企業さんの力を借りてみんなで盛り上げていくことも不可欠です。

例えば私が勤めているサントリーは、パラリンピックのオフィシャルスポンサーではありませんが、障がい者スポーツを「チャレンジドスポーツ」と位置づけ、東北地方を中心に普及活動を行っています。草の根運動ではありますが、競技の魅力を知ってもらい、実際にプレーを見てもらったり体験してもらったりすることで、選手から勇気をもらい応援で返す、という関係作りをしています。実際にパラリンピアンと接し、見るだけでなくプレーを体験する中で、何か大変な困難があっても乗り越えていこうという強い気持ちを持つきっかけが生まれるかもしれない。そういうきっかけ作りを蓄積し拡大していくと、いろんな人の心に変化をもたらせることができます。パラリンピックには人の心に変化を与える力があるからです。

そして、こういった普及活動、ファン作りは、企業さんの力添えがあってこそできるものだと痛感しています。

全体的にポジティブな流れが作られている日本のパラリンピック界ですが、2020年を想定してやるべきことはまだまだあります。私は2005年から3年連続でマンチェスターで開催されたパラリンピックワールドカップに招待されましたが、この大会はパラリンピックムーブメントを促進したり、テレビ放映を行って広く魅力を伝えることを目的とし、2005年に立ち上げられたものです。イギリスがロンドンオリンピック・パラリンピック開催を決めて以来、パラリンピックを成功させるために行ってきた施策であり、毎年トライ&エラーを続けながら大会運営のノウハウを蓄積してきました。

日本では現在、イギリスが行ったような施策が打たれていません。観客が集まるのか、といった興行面から、会場を訪れた車椅子の方の動線や宿泊するホテルのバリアフリーの整備など運営面に至るまで、もっと積極的に国際大会を開催してテストしていく必要があると感じています。パラリンピックには世界から多くの観客が集まります。大会を成功に導くのはスポーツ界や選手だけではありません。スタッフやボランティアも選手同様、日頃からトレーニングしておくべきでしょう。

トライアスロンへの転向

日本人女子で初めて5mを超える記録を残し、世界選手権でも銅メダルを獲得。そして同年に最終プレゼンテーションがあって……と怒涛のように過ぎた2013年。当時、現役は続ける意向でしたが、翌2014年には結婚して妊娠もしたので、「ここで一区切りかな」というスッキリとした思いにもなりました。

ただ、出産をしても、競技レベルは別の話としてスポーツは続けたかったので、妊娠中も出産ギリギリまで可能な範囲でエクササイズを続けて身体作りをしていました。

そして、日本にはあまりなかった妊娠中のトレーニングに関する文献や書籍が、海外にはあることを知ります。実際、オリンピックや世界選手権でも、出産後に現役復帰してメダルを獲得するケースが少なからずあることも知りました。

その後、男の子を出産し、これまでの生活に育児も加わりました。そして、今後も続けていくスポーツを考えた時に、「トライアスロン」という競技が浮上してきたのです。

もともと学生時代に水泳と長距離をやっていた経験もありますし、実は2011年から年に一度、トライアスロンの大会に出場していたのです。本気でトレーニングを積んで臨んだわけではないのですが、大会で感じたのは、下は子どもから上は80代まで、広い年齢層の方々が同じゴールを目指せるスポーツなのだということ。もちろん障がいの有無も関係ありません。みんな苦しくも楽しそうで、生き生きとしている姿を見ていましたから、「いつかトライアスロンをやってみたい」という思いはありました。

走り幅跳びはいつまでも続けられる競技ではないですが、トライアスロンなら長く続けられる。加えて、せっかく2020年に東京オリンピック・パラリンピックがあるのだから、一つ大きな目標に据えて取り組んでみたい。リオデジャネイロパラリンピックからパラトライアスロンが正式競技になったというタイミングにも、運命的なものを感じました。「やらなければ後悔する」と思ったので2016年にトライアスロンへの競技転向を決めました。今は、結婚、出産を経てもアスリートというキャリアを続けられる道があるということを示したいと思っています。

ありがたいことに家族にも理解してもらい、会社にも理解をしていただけたことで新しい目標へのスタートが切れました。現在もサントリーの社員としてCSR推進部に所属し、パラリンピックスポーツの普及、PR活動をしています。同時並行で行っているトレーニングは、種目が増えた分頻度が増し、それまで週5回だったのが倍の10回近くになりました。仕事のボリュームは出産前の3分の1ほどになりましたが、そこは理解いただき感謝しています。

それまでの瞬発系競技から持久系競技に転向したことでトレーニングの内容も変わり、当初はきつさを感じた部分もありましたが、2017年には5月にパラトライアスロン世界シリーズの横浜大会に出場して優勝。9月には世界選手権に初出場し、優勝することができました。

結果、世界ランキングも2位に入り、ここまでは順調な強化プロセスを歩むことができています。

パラトライアスロンの大会に出るようになった2017年ですが、同時に、尚美学園大学と日本福祉大学の客員教授にもなりました。年に2回、可能な限りスケジュールも調整いただけるということでお受けしました。これまで得た経験を、将来スポーツ界で仕事をされるかもしれない若者に伝えられる貴重な機会をいただけたことに感謝しています。

とはいえ、母としてやるべきこと、現役アスリートとしてやるべきこともありますので、20代の頃のように何事にもがむしゃらに取り組むのではなく、まずは家庭、次に競技、そして仕事と、自分の中で優先順位をつけるようになりました。

育児はもちろん大変ですが、世の中のお母さんは今、誰もが大変です。逆に、周囲には同じ悩みで相談できる働く女性がたくさんいて助かっています。やるべきことが多いですが、家族がいるのでメリハリがついているのも確かです。それぞれ違う活動に取り組むことがリフレッシュの役目を果たしてくれるようにしています。

自分の心の底から上がる声を聞く

周囲から見るとアグレッシブに見えるかもしれませんが、今でも何か決断する時は1回1回悩みます。

でも、アスリートとして10年以上キャリアを積みつつ、並行して人前に出てメッセージを伝えたり、招致活動にも関わってきたりした中で、緊張感を集中力に換えていく術を得られたのはプラスになったかもしれません。

4年に一度のパラリンピックという舞台は、本当に緊張します。ＩＯＣ総会でのプレゼンテーションもすごく緊張しました。正直、緊張しないということはできません。であれば、逆手にとって緊張を味方につけてしまおう、と考えました。以来、ここ一番で力を発揮して記録を出してきた自分を信じて「大丈夫だ」と思い込むようになりました。後は、本番までの間にきちんと自信を持つための準備ができていれば、本番で緊張感が襲ってきても「きたきたきた！」と前向きに受け止めることができるようになったのです。様々なことに取り組み、いろんな場に出て、あらゆる緊張感を味わうことで経験を積んできた賜物なのかもしれません。

重要なのは、何より「自分の中で目標を定めること」なのではないかと、強く思います。自分が義足になった時は、「いつかパラリンピックに出たい」という目標を抱いてから毎日が変わっていきました。サントリーに入社したのも、チャレンジ精神を大切にする社風に惹かれて「絶対に入社したい」と思ったから今があります。

「目標」と一口に言っても、程度は身近なものから手の届かないほど遠大なものまで多種多様です。その中でも、心の底から「叶えたい！」という強烈な思いがピーンと突き上げてくる瞬間がある。その強烈な思いに気付けば、それからの1日1日が変わってきます。私は、そうでした。

今の私にとっては「2020年東京パラリンピック」が心の中にある一番大きな目標。東京パラリンピックが盛り上がって、その舞台に立つ自分がいて、その大会を家族と楽しむ自分がいて……。

重要なのは自分の心の底にある思いに蓋をせず、気付いてあげることかもしれません。自分の気持ちに正直に、躊躇せず。そこから前向きな自分が動き出すのではないでしょうか。

谷（佐藤）真海氏の心の鍵が開いた瞬間

当時はまだ佐藤姓だった真海さんに初めて会ったのは、2010年秋のことでした。その時点でパラリンピックへアテネ、北京と2度出場していて、現地の会場が満員であったことに驚いていました。同時に「なぜ、日本ではパラリンピックが普及していないのか」という世界と日本のパラリンピックに対する意識格差に疑問を強めていました。そのスポーツに対する一途さ、一方でパラリンピック環境の深刻さを思い、ぜひとも研究指導をしたいと思いましたが、入学予定の2011年は翌年にロンドンパラリンピックを控えた大事な時期で、真海さんも国際大会を転戦する予定が入っていました。

そこでひらめいたのが、世界の現役パラリンピアンに対するインタビューを手法に用いた研究です。国際大会を転戦しながら各国の選手強化方法、経済的支援の比較を行う。それなら転戦と研究が両立すると考えたのです。時間が限られていたので、突撃インタビューは大変なものでしたが、本人も大変前向きに取り組んでくれました。陸上界には他の選手と積極的なコミュニケーションを取らない風潮があるらしいのですが、その中で他国の選手に話しかける真海さんは、自分だけにしかできない論文のコアを獲得することになります。

そして、英語を駆使し自分から話しかけることに物怖じしなくなったことがブレイクスルーをもたらします。それが2012年のローザンヌでのIOC総会でのプレゼンテーションにも繋がります。そして、会場にインパクトを与えたその様子を見ていた麻生太郎氏に見出され、翌年の東京オリンピック・パラリンピック招致活動の最終プレゼンターに抜擢されたのです。

一方で、2011年に起きた東日本大震災は真海さんに大変な苦しみを強いました。母と祖母が住む宮城県気仙沼の状況をテレビで見て、私に連絡がきました。ゼミで必死の捜索活動が始まりました。ゼミ生が気仙沼に入り、市役所に言付けして置かせてもらった携帯電話で、お母様から連絡があったのは震災から6日後。近所の酒蔵の2階に逃げ込んだそうですが、ギリギリまで浸水したそうです。不謹慎な話かもしれませんが、その時、酒蔵にあったお酒で、真海さんとお母様、おばあ様とゼミのみんなでお祝いせずにはいられませんでした。

そして真海さんは、お二人を東京に引き取りお世話しつつ、ロンドンパラリンピック出場への記録に挑戦しつつ、被災地の激励をしつつ、ゼミの論文作成も行うという大変な境遇に身を置くことになります。

この期間トレーニングが不足したにもかかわらず、しかも北京パラリンピック以来成績不振だったにもかかわらず、彼女は自己ベストを記録し、ロンドンへの切符を勝ち取りました。この時の経験が、スポーツやパラリンピックに対する新たな考えを創出させたことは間違いありません。

私は2013年10月から「内閣官房東京オリンピック競技大会・東京パラリンピック競技大会推進本部事務局長」という、大変長いタイトルの代表をしています。この長い名前の事務局では電話を取るのも大変なので、短い略称を作ることになりました。ここで助けられたのが真海さんからの「『五輪』と略さないで」との一言でした。というのは、五輪はオリンピックのシンボルマークを意味し、パラリンピックのシンボルマークは含まないのだ、と。ここから私は『オリパラ』事務局」という略称を用いることにしました。「オリ」と「パラ」の間に「・」を入れなかったのは、2つの大会を一体化する意味を込めたからです。その後、「オリパラ」という言葉が普及して嬉しく思います。実際、2020年東京パラリンピックの準備は最重要課題と言えます。あらゆるインフラをバリアフリー化の視点で総点検する必要があります。インフラだけではなく、日本人がハンデを持つ人に対して自然体で手伝えるようになるための「心のバリアフリー」が大切になってきます。こういった課題に対して現在、真海さんの書いた論文はとてつもなく大きな意味を持ってきています。

ビーチバレー日本代表 » 日本バレーボール協会理事

朝日健太郎

Kentaro Asahi

profile
あさひ・けんたろう／1975年9月19日生まれ。熊本県熊本市出身。鎮西高校時代、春の高校バレー、インターハイ準優勝。法政大学卒業後サントリーに。大学時より全日本メンバーに選出されエースに。2002年、ビーチバレーへ転向。2008年北京オリンピック、2012年ロンドンオリンピック出場。ロンドンオリンピック後に現役を引退し、日本バレーボール協会ビーチバレーボール事業本部企画競技部長、NPO法人日本ビーチ文化振興協会理事長ほか、テレビのコメンテーターなど、様々な活動に精を出す。2016年、第24回参議院議員選挙に自民党候補として東京都選挙区から出馬し当選。2017年6月日本バレーボール協会理事に就任。
平田ゼミ第8期生。研究テーマは「わが国におけるビーチバレーボール振興策に関する研究」。

苦しんだバレーボール全日本代表時代

私のバレーボール人生はラッキーだったと言えます。順風満帆そのものでした。熊本の鎮西高校時代にはインターハイと春の高校バレーで準優勝。法政大学に進学してから全日本大学選手権で優勝。ユニバーシアード代表にもなり、在学中から全日本代表にも選出されました。

トントン拍子で代表まで上り詰めてプレーしていましたが、当時は高く評価していただく周囲と自分との間に、実は大きな隔たりがありました。

それまでが順風満帆すぎただけに、日本代表の自覚や誇りといったものを本当に理解するだけの時間がない状態で、トップ選手として評価されていたのです。今なら分かることも、当時の私は兼ね備えていなかったのです。でも、周囲は当然分かっていると思っている。そのギャップがメンタルを蝕んでいきました。

日本バレー界の第一線でプレーする心と身体のギャップは、大変苦しいものでした。引退後の講演活動などをきっかけに改めて振り返ってみても、「自分の人生をバレーボールに賭ける」と覚悟を決めることは一度もなかった事実に気付かされました。

周囲の期待に応えたい気持ちは強くある。だから頑張ろうとする。でも、どうしても強い気持ちは湧いてきませんでした。火は消え入りそうなほど小さいのに、それを大火にして燃え盛れ、と言われても無理があります。そして燃え尽き症候群になり、とにかくバレーボールから離れたい、今いる環境から脱出したい、という思いばかりが募っていったのです。

それで2002年、ビーチバレーへ転向することになります。転向の理由を「オリンピックに出たいから」と説明していましたが、それはあくまで建前で、本音は現実逃避に近いものでした。

社会に出て間もない25～26歳の若者の多くが感じるであろう、息苦しさや肩身の狭さ。自分もその時にいたステージがたまたま高かっただけで、感じていたことは同年代の若者たちと同じものだったと思います。なので、ビーチバレーへの転向は前向きなチャレンジというよりも後ろ向きな決断。はっきり言ってしまえば「逃げ」だったのです。

現実から目を背け、自分の中から湧き上がる声に傾倒していった。「若さ」という理由で片付けてしまえばそれまでですが、しかし一方で、「逃げ」の行動が本当の自分を気付かせてくれた部分もありました。

現状から退いてしまえば、経済的にも苦労することは目に見えている。それでも「自分が何をやりたいか」を優先したい。何かで「完全燃焼」してみたい。そういう動機で臨んだ方が、自分は力を発揮できることに気付かされたのです。

失敗から気付かされた自分の本質。それに気付いてからは、しっかり自分をオーガナイズし、結果的に2008年北京オリンピック、2012年ロンドンオリンピックにビーチバレー日本代表として出場することができました。

ビーチバレー転向時に気付かされたことを胸に

アスリートとして、引退後のことは現役時代からよく考えていました。少なくとも引退する1年以上前から真剣に考えていた記憶があります。そもそもビーチバレーに転向した当初から「競技外のことにも感度を高めていたい」と意識はしていたのです。

アスリートは、現役である間は競技に没頭すべき。我々はそういったスポーツ界の風潮に対して、疑問を感じている世代でした。陸上の為末大を筆頭に同じく陸上の朝原宣治、卓球の松下浩二、競輪の長塚智広、そして自分。価値観を共にするアスリートが自然と集まって議論する場がありました。スポーツを社会的な価値に還元させる目的から5人で創設した『アスリートソサエティ』は、今でも存続して活動を続けています。

そういった同志の存在もあり、引退後のキャリアを現役時から考えることに抵抗はありませんでした。旧態依然とした「競技没頭型」の価値観は色濃く残っていたので、周囲からはアウトサイダーという目で見られていたかもしれません。しかし、自分としてはセカンドキャリアというよりも、競技価値の向上や人生設計の組み立て方など、アスリートの自分と引退後の自分を切り離さずに同じフレームに入れて考えている感覚だったのです。

ですから、ロンドンオリンピック後の引退は予定通りでした。引退後に何をするかは、ロンドンオリンピック前から決めていたので、引退発表翌日にはネクタイを締めて社会に飛び出していました。

以来、様々な活動をしてきました。その中でも、特にＮＰＯ法人『日本ビーチ文化振興協会』理事長としての活動は、今でも力を入れている活動です。社会活動を軸に、子どもにスポーツを普及させたり、スポーツ体験を社会に還元したり、ひいては海辺のスポーツレクリエーションを通じて地域活性化を図ったり。本来はこういった活動をビジネスに転換する方策を探るべきなのかもしれませんが、そのスキルは自分にはありませんでした。ですので、ビジネスについては他の方に考えてもらい、自分は社会活動に経験を投下していくことに傾倒していったのです。

その時、自分が望むフィールドから人々に影響を与える、人のよりよい変化に寄与する、そのために人前に出る社会活動が自分は好きなのだなと実感しました。

視点を増やし、視野が広がるということ

現役時代に「自分のやりたいことをする」人生哲学を見つけ、競技外のことにも積極的にアンテナを張り、引退後は社会活動を中心に生活していました。

ただ、引退後も常にやりたいことを探り続ける中で、「自分なりの考えが、はたして社会に受け入れられるのか」と問うた時に、脆弱性を感じる部分がありました。それを強固なものとし、さらにキャリアアップを図るために、早稲田大学大学院スポーツ科学研究科の平田竹男研究室社会人修士課程１年制コースへの入学を志望しました。引退から約１年が経過した、

2013年のことです。ずっと所属していたマネジメント事務所のサニーサイドアップのスタッフにも平田先生のゼミの修了生がいましたので、詳しく話を聞かせてもらううちに、キャリアチェンジ時のステップとしてはタイミングといいフレームといい、最適の選択肢だと思ったのです。

ゼミの厳しさは聞いていたので、最初は正直、腰が引けていました。やらなければいけないことは分かってはいるのですが、私は前述したように「自分がやりたい」気持ちになれなければエンジンがかからないタイプ。そのエンジンがかかりきらなかった入学前の段階では、研究テーマの提出を求められても出さなかったりするなど、腰が引けたままでした。

そんな態度が改まり、自発的に学問に取り組みたいと思えるようになったのは、「スポーツ」「バレー」という自分を括る枠が取り払われたからです。同期には弁護士やコンサルタント会社社員、テレビ番組ディレクターやゴルフ場関係者など、様々なジャンルで活躍している人材が集いました。その方々と知り合えたことで、まずスポーツしかなかった思考の枠が外れた。それまでもいろんな知見を深めていたつもりでしたが、あくまでスポーツというジャンルの中に限定されていたことに気付かされ、以来、急速に間口が広がった感覚がありました。

その広がった間口に、平田先生の指導が効いてきます。先生は直接話をさせていただく機会を多く用意してくれたのですが、その目的は単にコミュニケーションを深めるだけではありません。その特徴は、こちらが考えてもいなかった質問をいつもしてくること。私は毎回驚かされていましたが、そのおかげで間口はさらに広げられ、問題意識も拡大する分、思考が広がりました。あくまでゼミの大枠はスポーツビジネスですが、思考が広がるにつれ、政治の観点が自分の中で0から1になり、経済的な観点も0から1になり。0から1を生み出すことには非常な困難が伴うものですが、気付くと1が生み出されていたような感触です。

そして振り返ってみると、今になって役立ってきた平田先生の指導がたくさんあることに気付かされます。パワーポイント操作といったITスキルしかり、プレゼンテーションの方法しかり。わずか1年しかないゼミの間に蒔かれた種がいかに多かったことか。当時、学んだスキルの全てが今の自分に繋がっていますし、現在の活動のベースになっています。

そしてやはり同期の存在。それぞれバックボーンの強い者同士が束になると、さらに強さが増すことは、研究が進み深まるほどに感じられたものでした。この感覚は同期みんなが共有していたと思います。ですから、より助け合おうとするようになりますし、関わり合おうとするようになる。結果、自然と高め合う環境が形作られていったのです。

整理、分析、考察が過去と未来を一本の線に

私が決めたゼミの論文のテーマは「わが国におけるビーチバレーボール振興策に関する研究」でした。引退後に力を入れていたNPO活動に関連して、ビーチスポーツを活用した日本の海辺の環境を向上させる方法を考えたい、というのが着眼点。ただ、平田先生と話し合っていくうちに、論点はより具体的に絞られていき、最終的にはビーチバレーに特化して強化策を

模索しつつ、その一環として海辺の環境改善や地域活性化に繋がる施策を研究することになりました。

まずは元ビーチバレーの日本代表選手として、世界を転戦した際に感じたことの振り返りから始めました。出場した２０１２年のロンドンオリンピックでは、ビーチバレー競技が総入場者数において上位に位置していたこと。海外での大会の会場もおしなべて大観衆だったこと。そして、裸足で行う競技ゆえに、ビーチクリーンといった環境への意識を強めたことなど、頭の中にはあってもまとまりきっていなかった項目を整理していきます。

自分の中で整理をした後は外に向けた問題提起です。海外でしか味わえなかった競技の盛り上がりを日本で実現するには、どうしたらよいか。そのためには世界のビーチバレーの構造を分析し、日本と比較する必要があります。つまり、国内外の選手にアンケート調査を実施し、各国のビーチバレー団体の資金力や強化施策を文献から読み解く必要がありました。

結果、国際大会の会場は実は約70％が内陸部に設置された特設会場であったこと、ロンドン五輪に出場した選手の60％以上がジュニア時代から国際大会に参加していること、そして海外の選手の90％にインドアバレーの競技歴があったことなどが分かってきました。自身、プレイヤーとして見聞きしてはいたものの、実際にデータにすることで気付かされる点が数多くありました。

そして、日本のビーチバレーの現状をリサーチすると、ジュニアからの育成体制や組織の独立性や強化資金の流れが世界との差を生んでいることが分かってきました。

組織体制、資金繰り、育成プログラムなどに加え、競技環境整備に紐づいた環境対策……。これらは選手時代から薄々感じていた課題だったかもしれません。でも、それぞれの課題が独立していて収拾がつかないでいた。それが研究を進めるうちに一つの論理として集約されていく。論文をまとめるのは、それは大変な作業でしたが、書ききった時にこれまで自分がやってきたことと、これからの自分がやりたいことが一本の道で結ばれるような感触を得ました。

環境の改善と競技の振興のために

わずか1年という期間であったものの、平田ゼミで研究したことは、現在の活動にも大きく影響しています。

ＮＰＯ法人『日本ビーチ文化振興協会』理事長としての活動は当初、美しいビーチを作り「はだしになれる場所」を日本の沿岸部に創出することで、老若男女にとって憩いの場を提供する「はだし文化の創造」を志しました。

現在は、その活動内容がより具体化されています。２０１７年2月には「7月31日を『ビーチの日』とする」ことを一般社団法人日本記念日協会に申請、認定されました。7月第3月曜日の「海の日」と8月11日「山の日」の中間日に「なみのいい日」という語呂に合わせ制定することになったのです。新しい記念日の制定は、活動の一つの象徴になります。新しいチャレンジとして、今後7月31日にはビーチにまつわるイベント、例えば地方の伝統芸などとのコラボレーションなどを仕掛けていこうと考えています。10年後には「ビーチの日」が国民の休日となるよう、記念日としての確立を目指しています。

美しいビーチ環境の創出には、ビーチバレーも少なからず関わってきます。論文作成時にビーチバレーボールの選手に対するビーチ環境への意識調査を行いましたが、日本の選手の実に78％が競技時にコート及び周辺施設の清掃活動を自発的に行っていました。つまり、ビーチバレーコートの存在がビーチコートやその周辺にある自然環境に対する意識の向上に寄与していることが推測されます。これらの観点から、環境への意識向上という目的からもビーチバレーコートの設置を働きかけることは極めて重要で、その土地の人々の環境配慮の意識を高めることに有効であるのは間違いありません。

現在は、ビーチ部の環境面とビーチバレー競技を結び付けつつ、オリンピックのようなビーチ・マリンスポーツの総合大会を日本で開催できたら、と考えているところです。

ビーチバレーの振興面にも力を注いでいます。目指すは「インドアバレーとの共存」です。前述した通り、論文研究では、ロンドン五輪に出場した選手の60％以上がジュニア時代から国際大会に参加していること、そして海外の選手の90％にインドアバレーの競技歴があったことが分かりました。一方、他国に比べ、日本はジュニア時代から海外に遠征する機会が極端に少ないことも判明しました。また、プレー環境の差はあっても同じバレーボールという観点で技術や経験、身体的特性において親和性が高いインドアバレーとビーチバレー間の選手移行に関しても、日本は他国に大きく遅れをとっています。

今後はジュニア層の積極的な海外遠征を促し、インドアバレーとのより身近かつ柔軟な関係構築が求められてきます。しかし、事はそう簡単には進みません。指導者をはじめとする関係当事者の理解がまず重要になりますし、予算配分の問題もあります。

諸外国によるビーチバレーの組織運営を見ると、公的資金がバレーボール協会を経由することなく、直接ビーチバレー団体へ提供され独立した運営を行っていることが分かります。結果、ビーチバレー団体主導による環境の改善や強化策を打ち出すことが可能となり、ひいては選手のレベルを押し上げているのです。一方で日本は、バレーボール協会の中にビーチバレーボール連盟が属しており、独立した組織運営ができていない状況が続いていました。つまり、活動資金に関しても、バレーボール協会を経由し提供されるため、ジュニア層の海外遠征など、思い通りの普及促進や強化策を実施することができなかったのです。

私は2014年より日本バレーボール協会ビーチバレーボール事業本部企画競技部長を務め、前述のような問題に取り組んできましたが、2017年6月より日本バレーボール協会理事になりました。今後は、よりインドアバレーとビーチバレーの共存に向け、Win-Winの関係性の構築に努めていくことになります。

かつて世界トップクラスに君臨した日本バレーの不調は、Vリーグが企業スポーツから脱皮できていないことが大きな問題点です。ですが、それを企業だけの責任にすることはできません。プロ化の話が立ち消えになり、業界には停滞した空気が漂っているかもしれませんが、プロ化することで現状打破が確約されるほど簡単な話ではありません。それよりもむしろ、「村社会化」してしまった業界の門戸をいかに開き、いかにグローバルな視点を持つか、を考える方が重要でしょう。むしろ、法律や制度といった大局的かつ根本的な視点から解決できる道を探る方が理に適っているかもしれません。

新たに加わった2020年成功へのミッション

このように、競技振興と環境改善という大きな取り組みに勤しんでいる日々ですが、この構造改革には元アスリートという立場だけでは限界を感じつつあったことも事実です。そこで、一つの解決手段として「政治」の世界から社会を変えていくことも、考えていたことの一つでした。

２０１６年に行われた第24回参議院議員選挙で、私は自由民主党候補として東京都選挙区から出馬し、当選しました。今は、これまでと違う、永田町にある参議院議員会館を拠点に仕事をしています。

日本のビーチ環境の整備、ビーチバレーとインドアバレーの共存は、詰まるところ「スポーツを中心とした都市作りや環境問題、障がい者問題など社会の様々な側面と結び付いている」。これは平田ゼミの論文でも書いた一節ですが、言い方を変えれば政治とも密接に結び付いているとも言えます。

そして参議院議員にさせてもらった今、これまでの活動を充実させつつ、その延長線上とも言える取り組みとして新たに加わったのが、２０２０年東京オリンピックを成功に導くことです。

何をもって成功とするかは、意見が割れるところですが、スポーツというコンテンツで、日本社会をどうプラスに変えていくか。経済で言えば景気を促進すること、教育で言えば子どもたちに前向きな希望を与えること、社会保障で言えば健康増進に寄与すること。かつての自分は、日本のスポーツレベルの向上や環境の改善などに興味がありましたが、今はスポーツが社会にどのような好影響を及ぼすかという、よりマクロな点に興味を持つようにもなりました。

その上で、東京オリンピックを成功させるには、アスリート・ファーストと同時にオーディエンス・ファーストであることも重要だと考えています。これは２０１６年のリオデジャネイロオリンピックを観に行って感じたことでレポートにもまとめましたが、観衆がいかに盛り上がれるかは、間違いなく成功要因の一つになります。ロンドンオリンピックもそうでしたが、現地で記憶に残っているのはアスリートのハイレベルなプレーや記録よりも会場の空気でした。あのオリンピック独特の盛り上がりこそ、世界に印象付けられるインパクトに他なりません。そのためにも、決して打算的なイベントでなく、政治的ショーでもなく、まずは純粋なスポーツの魅力を最大限に引き出す。どことなく漂うネガティブな話題を払拭してポジティブな空気に変えていく。そしてアスリート・ファーストとオーディエンス・ファーストの両軸でオリンピックを捉える。国会議員は日本の情報ピラミッドの頂点に位置しています。ですので、この強み情報を吸い上げることもできれば国全体に対して伝達する流れも構築されています。

を活かせば国会と国民のみなさん、内外両方にオリンピックの真の価値を伝えていくことができますので、ぜひ取り組んでみたいと考えています。

このように、オリンピックを「スポーツの世紀の祭典」として一過性で終わらせるのではなく、レガシーとして社会に残していくことを考えるためには、俯瞰した視点が有効です。

このようなものの見方や考え方は、実は平田ゼミで広げられた間口や思考に通じているものがあります。なぜそうする必要があったのか、ゼミにいた時ははっきりと分からなかったその意味が、今になって真の狙いを理解できた気がします。

「人のために力になりたい」思いの根源

なぜバレーボール選手として全日本でプレーしていた人間が今、政治家をしているのか。多くの方には疑問に思われるかもしれません。ですが、自分にとってはむしろ、「やりたいことを実現するために」辿り着いた今の立場の方がしっくりきていると感じています。議員になっても、結局自分がしていることは変わっていません。

私は物事を抽象的に捉える癖があるので、具体的に「何がやりたいの?」と聞かれると、いつも答えに窮してしまいます。そんな自分がなぜ具体的にやりたいことを見つけられてきたのか。突き詰めてみると、抽象的でもやりたい方向性を見出して環境を整えていくうちに、具体的な目標が決まってきていることに気付きました。まずは自分が生き生きしていられる状態を保つことを優先して、ストレスを課さない環境を求める。すると、その環境から眺めていた風景の先に漠然とした道が見えてきて、その道に足を踏み入れると先の道幅が徐々に狭くなっていき、最終的にはゴールとなる点にたどり着く。そんなイメージでしょうか。

ストレスを課さない環境を作るには、条件があります。これまでも常に行ってきたことですが、チャレンジしたい思いはありつつ、たとえ失敗してもいいように保険をかけておくこと。リスクヘッジをしながら物事を進めていくことで、ストレスを軽減するのです。

「チャレンジする」と言うと退路を断って覚悟を決め、一発勝負に出るイメージを抱く方が多いかもしれません。ですが、一度しかない人生で何度もギャンブルに近い一発勝負をすることは、リスクが大きすぎます。様々なことにチャレンジしたがる私ですが、実は保守的な考えの持ち主なのです。

そんな私ですから、選挙に立候補した時も、例え落選しても人生がどん底にならないように準備をしていました。これまで同時に複数の肩書を持つ時期が多かったのも、平田ゼミに入ったのも、リスクヘッジしていたからです。保険を掛けてあるからこそ、一方で躊躇なく思い切ったチャレンジができる。挑戦するにも考え方一つだと思います。

ただ、リスクヘッジをするにも「自分がしたいこと」は外せないポイントです。そして、私にとって「したいこと」とは、「人に何か力を与えること」です。

実は、自分の利益に対して貪欲になったことはありません。アスリートの時も、目指したのはオリンピックの金メダルより、まず観客の皆さんに喜んでいただくことでした。

なぜ、自然と「人に何か力を与えること」を重視するようになったのか。大きな理由の一つは、この体躯であることに最近気付かされました。

身長は小学校６年時点で１７５cmあり、中学校で１９０cmを越えました。そして今は１９９cmです。背が高いと、それだけで人から注目を浴びます。そういった注目や期待を全部レシーブして返す——振り返ると、これまでずっとそんな人生でした。否応なく周囲から注目される事情を持っていたので「期待に応える」ということが自然と存在意義として確立されたのだと思います。

４年で１周するチャレンジのサイクル

現在に至るまで、常にやりたいことをやり続けられているのは、アスリートを引退した「タイミング」が転機になっていると言えます。

人として最もエネルギーが充満している時期に、躊躇なく、未練もなく引退できたことが大きかった。オリンピアンとして注目もされましたが、恵まれた境遇に固執することなく、すぐ次のステップに進んだことで、引退後もいい回転を続けられたのだと思います。

現役から引退後にかけて、「余白を持たなかった」と私は思っています。アスリートによっては現役引退後に充電期間を設けて、その後の人生をじっくり考えてみることが大切だとするタイプもいます。それが一般論のような言われ方もありますが、自分に限っては猶予を持たせなかったことがプラスに働いたと言えるでしょう。

そして、自分の人生を振り返ると、3~5年周期で新しい物事にチャレンジしていることに気付かされます。平均4年ほどで方向性を見つけ、環境を整え、具体的な活動に取り組んで終える、というサイクルが見えてきます。

4年に一度のオリンピックを目指し続けた時に身に付いた癖かもしれませんが、回遊魚みたいなもので止まることはできないのです。

そのサイクルを引退後に当てはめてみると、NPO活動やゼミでの学びなど、いろいろな経験をしたのが1週目。そして今、日本バレーボール協会理事や議員を務め2020年に向かっているのが2週目。そして2020年以降が3周目、ということになるでしょう。

平田先生には、現象を調べ、分析し、論理展開することの強みを学びました。一方で、199㎝の人間が議員のバッジを付けて、

「日本を元気にします!」

と言えば、それだけで理屈ではない不思議な迫力が言葉に乗り移ります。

ロジックとパーソナリティ。この2つを自分の武器として「身長199㎝の議員」を名刺代わりに、この体躯に匹敵する大きな貢献を日本のみなさんのためにしたい。そのために、まだ脆弱なポリシーをさらに磨き上げていく。これこそ、嘘偽りない現時点での私の「やりたいこと」です。

■朝日健太郎氏の心の鍵が開いた瞬間

朝日さんとは最初、目白にある寛永堂でお会いしたのをよく覚えています。向かい合って座ったのですが、あまりの座高の高さに首が疲れてしまったのです。一方で、とても謙虚な人柄でした。驚いたのは、平田ゼミ入学後に行った大磯での合宿時でした。発達障がいのクラスで朝日さんにいきなり話をしてもらうことになったのですが、子どもたちとコミュニケーションが成り立ったのです。顔を横に向けたり、外を見ていた子どもも挙手をしたり、返事をしたりして嬉しそうな顔をしている。朝日さんの持つ人間力に驚かされました。

そんな優しい人柄とは裏腹に、ビーチバレーのこととなると大変な挑戦者といえます。現役時に練習会場を探し、自らスポンサーを集め……。そういう経験を論文に反映してもらったのですが、論文作成作業の中で、ビーチ環境に関しては国土交通省の港湾局との連携が必要で、関係がとても深いことを知ります。港湾技官との会話の中で、「政治との関わり」を初めて意識したのではないでしょうか。

朝日さんが学んだ平田ゼミ第8期生は、歴代の中で最も「馬鹿ゼミ」をやっていた期でもあるので思い出深いものがあります。北海道芦別での合宿は、同期生の宮澤保夫さんの計らいで、会長を務める星槎グループの寮に泊めてもらいましたが、合宿前にゴルフをして、帰る日も朝４時に寮を出てゴルフをしました。合宿がなくとも、横浜カントリークラブの研究をしている秋山朋胤さんの提案でOBも集めてゴルフをしました。12月に入り、論文作成の追い込み時期になっても沖縄で2日間ゴルフ。みんなゴルフが好きで、かつ、どんなに忙しくても飲み会の出席率は他の代に比べてダントツで高かったのが第8期生でした。

そんな中でも、朝日さんをはじめ、みなさんは次の目標を続々と見つけていきました。私がある日、朝日さんに「港湾局との関係もあるし、政治家になる気はある?」と聞くと「今の自分の実力では絶対に無理ですが、将来は考えたい」と答えました。その後、2016年参議院選挙に際して自民党の茂木敏充・選対本部長が「東京が定数6になったのに候補者が1人しかいない。誰かいないか」と聞いてきたので、朝日さんを紹介しました。選挙までの日程が限られていたので心配ではありましたが、がんばって当選してくれました。今は政治家になりましたが、専業政治家にならず、さらにスポーツ界に貢献してほしいと思います。バレーボール界も会長が頻繁に代わったり、一筋縄ではいかない状況が続いていますが、何とか改革を成し遂げてほしいと願っています。同期には、他に日本アイスホッケー連盟常務理事の坂井常雄さんもいますし、政治家の先輩としては日本の外務・外交に精力的に取り組み活躍されている中山泰秀さん(4期生)がいます。

プロ卓球選手 » 一般社団法人Tリーグ代表理事

松下浩二

Koji Matsushita

profile
まつした・こうじ／1967年8月28日生まれ。愛知県出身。明治大学卒業後、協和発酵へ。1993年、日本人初のプロ卓球選手に。以降、日産自動車—グランプリ—ミキハウス—グランプリ。スウェーデン、ドイツ、フランスの欧州3大リーグに加え、中国のリーグでもプレーした。1992年バルセロナオリンピックから2004年アテネオリンピックまで、4大会連続出場。2009年現役引退。2010年、株式会社ヤマトの社長に。2015年、プロリーグ検討準備室室長。2017年、一般社団法人Tリーグ理事。同年Tリーグ代表理事に就任。平田ゼミ第2期生。研究テーマは「ブンデスリーガ・中国超級リーグとの比較を踏まえた日本卓球リーグに関する研究」。

日本人初のプロ選手として感じたプロリーグの必要性

日本に卓球のプロリーグがあれば。自身、選手として海外のプロリーグでプレーしている時から、その思いは持ち続けていました。

私は明治大学を卒業後、１９９０年に実業団の協和発酵工業株式会社（現・協和発酵キリン株式会社）に入って卓球選手を続けていましたが、それから3年後の１９９３年にプロ宣言をしました。日本人卓球選手としてプロになったのは、私が初めての例でした。

プロになることに対しては、前例もありませんでしたし、葛藤がなかったと言えば嘘になります。当時はまだ24～25歳という若さでしたが、会社を自ら辞めるというのは誰であっても大きな決断となることに違いはありません。ですが、最終的には、

「自分はプロになるしかない」

と覚悟を決めました。

きっかけは、大学を卒業して協和発酵に就職した後、半年ぐらい経過した時でしょうか。

「俺は、ここにいても役立たずだな」

という思いが心から湧いてきました。大企業に雇ってもらったことはありがたかったのですが、社業に関しては組織の歯車の一つにもなれていない。卓球選手として貢献できることはあったかもしれませんが、悪い言い方をすると、自分なんて会社にとってコストでしかない。社業に直結する貢献をしていない以上、ただ会社のお金でご飯を食べているだけだ、というよう

な自責の念に囚われたのです。

「この状態を、定年する60歳まで続けるのは会社にとっても自分にとってもよくない」

そこで、どうせこの思いのまま会社に居続けて自分を貶《おとし》めてしまうぐらいなら、いっそ退路を断ってプロとして生きる道に挑んでみたい、と覚悟を決めたのです。

以来、自分をより高く評価して下さった企業への移籍を繰り返しました。その過程で当時、世界の中でも隆盛を極めていたスウェーデン、ドイツ、フランスの欧州三大リーグに挑戦。中国のリーグでもプレーしました。

プレイヤーとして、ヨーロッパのリーグで世界を相手に切磋琢磨した経験はもちろん大きいのですが、それと同等、いや、それ以上に気付かされたのがプロとしての楽しみ、喜びです。

クラブに所属して地域と密着していれば、卓球をやっていない地元の人とも関係ができ、会場へ応援に駆けつけてくれる。誰かに応援してもらうことだけでも喜びなのに、クラブにお金を落として自分の収入の一助にもなってくれる。多くの人との触れ合いや後押しが与えてくれる夢もあるのだと気付かされました。

以来、「日本にもいつか卓球のプロリーグを」という思いを抱き続けながら活動してきました。では、どうしたらプロリーグを立ち上げることができるのか。そのためのアドバイスをいただきたくて、早稲田大学大学院スポーツ科学研究科の平田竹男研究室社会人修士課程1年制コースの門を叩きました。2007年のことです。

プレーしている場が最高の研究対象に

平田ゼミに入学した当時の私は、まだ現役選手として世界を転戦しつつ、翌年に控えていた北京オリンピックの代表を狙っていました。ですので、同期に比べると授業に出席できる機会も限られていました。では、どのように学んでいたかというと、メーリングリストです。ゼミ仲間たちでメーリングリストを作り頻繁にやり取りをしていたことで、選手として海外でプレーしつつも常に研究のことを頭にとどめておくことができました。海外にいる時差の関係もあり、メーリングリストは24時間常に稼働していた記憶があります。同期の仲間には他の競技のアスリートやクラブ経営者、大手企業役員などもいたので、彼らから卓球以外の話や、卓球界を外から見た意見、それぞれの研究の進捗状況の報告を受けることで新たに吸収することがあり、刺激を受けることがありで有益なものとなりました。

ゼミに入学するまでの私は、各国のプロリーグを経験してはいたものの、研究をしたことはありませんでした。ですがゼミに入学してからは、論文を書くためのテーマが決まってくるにつれ、リサーチすべき対象が明確になってくるにつれ、自分の周囲の見え方が変わっていきました。結果、現役選手としてプレーしている場所が、そのまま格好の研究対象になったのです。

そして研究を続けるほど、論文をまとめていくほど、いかに日本の卓球界が世界から遅れているかを思い知らされることになります。

当時の日本卓球界は低迷期でした。世界の卓球の頂点には中国が半世紀にわたって君臨し続け、その間に約140名の世界チャンピオンを出していました。対して日本は1979年の世界卓球平壌大会で優勝した小野誠治さん以来、世界チャンピオンを出していませんでした。1977年には日本卓球リーグが発足していたのですが、その後も競技力が向上することはなく、1985年を境にメダルにも届かなくなります。

その後、世界卓球選手権で日本が再びメダルを獲得するのは1997年。2000年には団体戦で銅メダルを獲得するなど復活を遂げます。ただ、その要因を探ると、日本代表選手は海外リーグで成長を遂げていたり、中国からの帰化選手を代表に送り込んでいたりと、日本卓球リーグの存在が選手の強化に貢献しきれていないことが分かりました。

世界のトップに追い付き、追い越していくには日本卓球リーグを変えなければならない。その着眼点から決めた研究テーマが「ブンデスリーガ・中国超級リーグとの比較を踏まえた日本卓球リーグに関する研究」です。当時世界最高峰といわれていたドイツと中国のリーグと、日本卓球リーグ。実際にプレーしたこともあるこの3リーグを、経験を織り交ぜつつ比較検証することで、日本卓球界の改革点を見つけ出すことができると考えたのです。

各リーグを歴史と選手環境、試合環境の3項目で調査し、比較分析して見えてきたのは、日本は世界のトップを育成していくだけの選手環境と試合環境を整えられていない状況でした。

では、日本が世界で勝つための最良となるリーグ方式はどんなものなのか。その形をロジカルに論文にまとめきったことで、修了後に私がやるべき道も決まったと言えます。

論文に書いた日本卓球界にとって最良のリーグ方式。それは、クラブチームからなるリーグ組織と、フルタイムで練習できる環境作りなど。ゼミ修了から約10年が経過し、卓球を取り巻く環境も時代も当時とは様変わりしていますが、当時学んだこと、研究したことは、現在のTリーグ立ち上げに際する考えの「幹」になっています。

日本卓球に欠けていた組織的バックアップ

日本の卓球界は現在、男女ともに結果を残しています。世界卓球選手権では、２０１６年のクアラルンプール大会の団体で男女ともに決勝進出。同年のリオデジャネイロオリンピックでも、男子シングルスで水谷隼が銅メダル、男子団体で銀メダル、女子団体で銅メダルを獲得しました。２０１７年デュッセルドルフの世界卓球選手権では、男女混合ダブルスで吉村真晴、石川佳純ペアが１９６９年大会以来の優勝。男子ダブルスで2、3位に。女子シングルスで3位、女子ダブルスでも3位に入りました。

世界の卓球は相変わらず中国の一強時代が続いています。その中でかつて「卓球王国」と呼ばれていた日本は、21世紀に入ってから世界大会で再び存在感を現し始め、今や中国に次ぐ位置まで上がってきたと言えるでしょう。

国際舞台での活躍に比例するように、国内の卓球人気も高まりました。幼い頃から注目され続けてきた福原愛を筆頭に、メディアに取り上げられる選手の数が増え、価値を増したことで様々な企業がサポートしてくれるようになりました。

では、世界トップクラスの日本人選手たちはどのように養成されたのでしょうか。

実業団ではミキハウスの貢献度が非常に高いと言えます。小学生時から選手を受け入れて社会人まで一貫して同じ練習場でトレーニングを積む。ミキハウスは、実業団連盟が主催する日本卓球リーグに属していません。ミキハウス所属選手はリーグではなく、内部でハイレベルな選手同士による実戦的なトレーニングを積んで実力を養っていく。この、日本国内には他に例のない恵まれた環境をミキハウスが提供することで、ハイレベルな女子選手を輩出し続けています。これまでのオリンピック代表選手を調べると、大半の女子選手がミキハウス所属であることが分かります。類似例として、競泳も特定のスイミングスクールが多くの代表選手を輩出し続けているように、日本の女子卓球においてミキハウスの貢献は突出したものになっています。そしてミキハウスで幼い頃から育てられた国内トップ選手は、その後、中国超級リーグなどへ挑戦することで国際経験を積み、世界トップとの差を詰めていっています。

これが男子になると、海外で成長を遂げるケースはもっと顕著になります。リオデジャネイロオリンピック団体戦の銀メダルメンバーである水谷と吉村、丹羽孝希の3人は海外で育った選手と言えます。水谷は中学2年生からドイツへ渡り、ブンデスリーガ1部でプレーすることで研鑽を積んできました。丹羽、吉村も10代からドイツのブンデスリーガでプレーし、世界と伍する力を養ってきています。

ミキハウスのような例もありますが、世界の強豪国と比較した時、残念ながら日本にはフルタイムで練習できる環境が、まだ整いきっていないと言わざるを得ません。世界トップクラスの実力を得るためには、海外に行かないと練習量や練習相手の確保ができない。それが日本卓球界の現状です。

さらに女子の場合は、ほとんどの選手が自宅のリビングから才能を開花させている事実があります。自宅に卓球台を置き、親御さんの熱心な指導によって幼い頃から毎日必死に練習し実力を伸ばしてきたという過去。福原、石川佳純、伊藤美誠、平野美宇……、日本卓球女子のトップ選手はみな、共通する家庭環境下で地力を付けてきました。

男子はドイツや中国の海外リーグに頼り、女子は親御さんとミキハウス、そして、やはり海外に頼る。それで実際に日本の卓球が強くなっていることは、結果が証明しています。ただ、この状態が今後も続く保証はどこにもありません。なぜなら、今の強さは日本の組織が計画を練って作り上げたものではなく、個々によって独自に作り上げられたものだからです。今後、日本が持続的な強さを得続けていくためには、選手を底辺から育て上げていくプログラムを持った「組織」が必要不可欠です。

ですが、日本の卓球界にはその育成・強化のシステムがまだ確立されていません。この状態では、いくら中国に次ぐ位置に来たからといって、中国を完全に越えることはできないでしょう。

「世界２位」と聞くと１位が間近に感じられます。２０１７年４月に開催された第23回アジア選手権で、平野美宇が中国のトップ選手３人を立て続けに破り優勝するという快挙を演じました。男子も張本智和が世界選手権に史上最年少で出場し、2017年8月にはITTFワールドツアーチェコオープンで優勝、14歳61日での優勝という史上最年少記録を打ち立てました。このように明るい話題が続いている今の日本卓球界ですが、それでも頂点の中国を超えることは、とても困難と言わざるを得ません。平野や張本も世界ジュニア選手権で優勝を飾っているように、ジュニア世代までの育成はできても、以後伸び悩み、中国に追い越されていくのが現状です。

この圧倒的な差はどこから生まれるのか。それはひとえに「組織の差」です。

ポテンシャルはそこまでなくても、世界チャンピオンに育て上げるまでの組織力が中国にはある。一方の日本は、ポテンシャルが高くても個人頼みの側面が大きく、世界チャンピオンに育てるだけの組織力がない。

今後、もし継続的にオリンピックでの金メダル獲得を本気で狙うなら、個人任せではなく、全面的にバックアップできるシステムを作っていく必要があります。3歳から大人まで、一貫して同じアリーナで切磋琢磨できる環境を数多く作り、若手の有望株を生み出していく。その有望株をナショナルチームでさらに磨き上げてもらう。その環境作りや選手層の底上げが成るきっかけを——。その思いがTリーグ構想に繋がりました。

卓球のプロリーグ「Tリーグ」構想

日本の卓球界を発展させるためのトップリーグ「Tリーグ」。日本人選手のプロ化を２０１８年秋から始める。その実現のために動いてきました。

元を辿れば２０１０年から構想が動き出し、２０１２年からプロリーグ設立検討委員会が組織されました。２０１５年にはプロリーグ検討準備室と名称を変え、私が室長を務めてきましたが、２０１６年12月にTリーグ構想を発表して解散。現在は新たに法人を立ち上げ、リーグの定款や規約を作って理事や幹事を決めたり、代理店を選定したりなど、より具体的な組織作りが始まっています。２０１７年の夏にはリーグの参入条件を提示しました。２０１８年２月には参加チームが決定、発表しています。

Tリーグは１チーム６人構成で男女各４チームのトップリーグ「Tプレミアリーグ」を頂点に、その下に２部リーグ（T１リーグ）、地域リーグ（T２リーグ）といったピラミッド型をイメージしています。各チームがホームタウンを持ち、オリンピックや世界選手権でも行われている３人による団体戦をホーム＆アウェー形式で年間21試合行う予定です。

チーム数をいきなり増やすことは考えていません。クオリティを重視し、観戦されるお客様に満足感を与えられるハイレベルな試合をどれだけ担保できるか、を優先しています。そのために世界ランキング10位以内の選手のチーム加入を条件に入れました。チーム数を一定に絞り戦力の分散を防ぎながら、今後も卓球のマーケットを見計らいつつ、レギュレーションは慎重に調整していく予定です。

チーム数を増やしてプロの門戸を広げ、多くの卓球選手に夢と希望を与えるという考え方もあります。ですが、多くの卓球選手がプロになれたとしても、その分2～3年で行き場を失ってしまう選手が多く出てくる可能性があります。

極端な話、Tリーグでプレーできるなら「収入はなくてもいいからプロになりたい」と希望する選手も少なからず出てくるでしょう。しかし、卓球選手の選手寿命は決して長いものではありません。彼らの人生にとって、例え一瞬でもプロになれれば、それで本当によいのでしょうか。大局的立場に立って考えた時、卓球で培った経験を選手以外の分野で活かすことが、時と場合によってはプラスに作用することもあります。その方が満ち足りた人生を送れる可能性が高い。であれば、多くの人がより真剣に卓球へ打ち込める機会を創出したい気持ちはもちろんありつつも、プロの門戸を無理に広げる必要はない、というのが私の考えです。

「ハイブリッド型」のリーグビジネスモデル

Tリーグの設立に際し平田先生にアドバイスを求めると、「世界一のリーグを作れ」「U－6を作れ」と、原型となる強烈な指摘をいただきました。リーグのビジネス面についての助言をいただけるものかと思いましたが、世界卓球界に目線を置いた日本卓球界の本質的なポイントをいただき、感謝しています。

Tリーグのビジネスモデルは、ドイツのブンデスリーガや中国の超級リーグといった世界で成功している卓球プロリーグを参考にしつつ、巨大な親企業がバックアップするプロ野球の「球団型」と、地域密着を重視するJリーグやBリーグの「コラボ型」をミックスさせた「ハイブリッド型」というイメージです。

地域に密着したクラブ作りはしますが、例えば企業名をチーム名に入れることに規制は設けない。つまり、最も手っ取り早く経営するには企業から大きな投資を引き出すことです。このビジネスの形式に関しては様々な意見が出るところですが、考え方一つだと思います。個人的には一つの親企業が出す資金も、地域の複数の団体が出す資金も、集まれば同じ資金。そして現在のプロ野球を見れば明白なように、チームへの出資が一つの大企業であろうとも、地域に対する貢献活動はできますし密着することも可能です。「地域に貢献する」という理念さえ理解してもらえれば、むしろ大企業の力は積極的に借りるべきと考えます。

卓球というスポーツはアリーナで行われる「ハコモノ」なので、観客が入っても3000人ほどの規模にとどまります。野球やサッカーのように、大規模スタジアムで1試合につき数万人もの観客を集めることはできません。よって入場料収入の規模も小さなものとなります。

そう考えると、カギを握るのは放送権料になります。現在はOTT事業（動画や音声などのコンテンツ・サービス）が発達し、インターネットではライブストリーミングの技術が進んで、スマートフォンでもスポーツの生中継が視聴できるようになりました。これはTリーグのビジネスにとって追い風になるはずです。なぜなら、卓球は中国を筆頭に韓国や香港、台湾、シンガポールなどで高い人気を得ているからです。つまり、東アジアから東南アジアにかけて放送権を売ることができます。

特に人口が13億人いて、卓球人口も卓球人気も日本より数倍ある中国の市場をターゲットにできるのは大きい。Tリーグを中国に上手く売り込むことができれば、少なからぬ収益を手にすることができるでしょう。おかげさまで、Tリーグの発足に興味を抱いていただいている企業は数多くあります。

ただ、構想からここまで、既に7年以上の時間を経過させてしまいました。これは反省点なのですが、現在の日本卓球界を支えている日本卓球リーグ側に対するアプローチの仕方や説明が足りなかった。そのため、スムーズに理解を得ることができませんでした。そして決断する側も事の大きさゆえに腰が重くなってしまったため、スピーディに展開できなかったというのも正直あります。

現在の日本卓球リーグは、実業団連盟によって組織されています。実業団にとっての卓球はあくまで福利厚生の一環です。これがプロとなると話が全く変わってきます。今後Tリーグが始まると、位置付けとしてはTリーグの方が実力的にも経営規模的にも上になります。そこに参入するか、現状のまま存続するかは、企業ごとの判断になります。

Tリーグに入れば露出度が高まったり、地域密着度が増したり、運営次第では現在の福利厚生費を削減したりすることもできるだけでなく、収益をあげられるかもしれない。企業も、そして選手も、Tリーグのメリットとリスクを両天秤にかけながらの選択を迫られることになります。金メダルを狙う方法は一つではありません。ミキハウスのような現在の成功例を踏襲してもいいし、Tリーグで新たな形にトライするのでもいい。重要なのは、成功への選択肢が一つ増えたということです。

真の意味の「普及」とは

2018年秋のTリーグスタートに向けて、今もまだ乗り越えるべき壁が少なくありません。やるべきことが次々と生まれてきている状況です。ただ、壁を一つ一つ乗り越えるたび、日本卓球界の構造は健全なものになっていっている感触もあります。

平田先生のゼミで真っ先に教えられる「勝利、普及、資金」のトリプルミッションモデルを現在の日本卓球界に当てはめてみると、3つのファクターはそれぞれ機能しているもののリンクさせることができておらず、結果として「強化」のみが特化されていると言えます。

1983年以降に世界卓球選手権へ出場した日本のトップ選手たちが、その後どうなっているか。実は、3人に1人は卓球とは関係のない職業に就いています。世界と戦ったという貴重な経験の持ち主が、その財産を日本卓球界に還元できぬまま、関係のない職業で働くことを強いられている……。この現状は、本人にとっても日本卓球にとっても少なからぬ損失を招きます。選手を引退しても生涯卓球に携わる仕事に就く、もしくは選手としてトップレベルに至らなくともトレーナーやクラブスタッフとして卓球に携わる。平田先生の言う「逆台形モデル」

を形作ってこそ、真の意味での「普及」の実現と言えるのではないでしょうか。

「ラケット一本でオリンピックの金メダルは獲ることができるかもしれないけれど、食べていくことはできない」

これが従来の日本の卓球選手の認識だったと思います。ですが、実はラケット一本で食べていくことができるし社会に影響を与えることもできる。セカンドキャリアに対する不安も払拭できる。それをTリーグで証明できれば、卓球の魅力は今以上に増すでしょうし、有能な子どもが数あるスポーツの中から卓球を選択してくれるようになるかもしれません。

卓球は日本の中でもっと自立していくべきだし自立できる。これまではスポンサーをしてもらうしかなかったかもしれませんがこれからは自分たちで作り上げ自分たちで稼いでいく。日本卓球界が自立心さえ持てば、もっと社会に貢献できることに気付くでしょう。そして見返りとして、様々なプラス面が日本卓球界にもたらされるようになるはずです。

流れに身を任せることで湧き出る「ひらめき」

私は、つい最近まで大阪に本社を置く卓球用品メーカー「ヤマト卓球（現・VICTAS）」で社長を務めていました。もともと自分が持ち込んだ話で会社を買うことになり、出資者に数億円出していただいたこともあり、自ら社長を務めていました。

ヤマト卓球の社長になったことを平田先生に報告に行くと、「会社の金で飲み食いするな」

と、これ一つだけと言うではないですか。これを頑なに守って社長をやっていると、営業部門の古い社員から次々と自主的に飲み食いを止めていってくれるではないですか。管理部門の社員に対する私の指示がどんどん前向きに受け止められて、浸透していくことが実感できました。私からすると不思議な平田先生の一言でしたが、今でも感謝しています。

毎日、社員から上がってきた案件の判断や決裁を行い、仕事を進めるべき大筋をはっきりと示して、正しく進行しているかをマネジメントする。やっていることは一般的な社長業でしたが、一方で営業も行っていました。卓球選手として得た知見や経験を通せば、どのような商品が好まれるのか分かりましたし、私の名前を知っていてくださる方が多いのでトップセールスがやりやすい。弊社の営業マンが飛び込みで入ったら門前払いになるお客様でも、私だとすんなり会ってくださったりするので、そこは自分の名前を武器にさせていただいていました。

社長業とトップセールス。会社での主な仕事はこの二本立てでしたが、正直とても忙しいものでした。

おかげさまで会社は順調に利益をあげていましたが、実は私が忙しい現状は会社にとってはよろしくない、とも感じていました。なぜなら、企業として一人の人間に依存することはとても大きなリスクが伴うからです。会社が成長過程の間は問題が顕在化しませんが、成長が止まった時に備え、卓球用品メーカーとしてビジネスが成り立つような構造を作っておくべき。そのためにも人材教育を促進したく、私は２０１７年の３月に会社の社長を一旦退き、代表権のない取締役会長に落ち着きました。今はＴリーグ創設の方へ全神経を集中しています。

正直、社長業は忙しかったものの、大きな苦労を味わった感覚はありません。普段の生活にも困っていませんし、それなりに社長業を続ければ誰に批判されることもない。毎日、数字を眺めながら適切なマネジメントをしていけば、平穏な毎日が約束されていたはずです。

今いるTリーグ創設へ向けての現場は、全く反対の状態と言えます。いろんなところへ頭を下げ、批判を浴び、事態は遅々として進まない。「なんで、こんなことをしているんだろう」という思いが頭をもたげることもあるのですが、どんなに辛い目にあっても、

「やっていきたい」

という気持ちに勝るものはありません。後輩たちに中国を超えてほしい。そして彼らに日本における卓球のステータスを上げていってほしいし、ひいては卓球を通じてみんなが明るく元気になってもらいたい。そんな自分の気持ちに嘘がつけないなら、もうやるしかない。そうと決まれば決断は速いタイプですので、迷いはありません。

この日本卓球界への願いの根底を探ると、自分はやはり「日本が好き」という心に行き着きます。海外のプロリーグに挑戦していた時、「俺は日本人だな」とアイデンティティを強く感じたものです。ですから、日本は世界の卓球の中でも「優秀だ」と評価されたいし、そのためにできることがあれば貢献したい。そう考えると、生半可なことをしていては意味がありません。これまで誰もやっていなかったような、大きなことに取り組まなければいけない。

現役を引退した時、卓球を教えていくことで食べていくという選択肢もありました。2001年から10年ほどは水谷をマネジメントした経験もあります。でも、その程度では日本

の卓球を世界に知らしめるための貢献はできない、と悟りました。

ではどうするか、と考えた時に「ビジネス」という結論に行き着きました。ですからヤマトという会社を買ってもらい社長にしてもらったわけです。ですがビジネスでも、まだ自分の考える貢献には追い付きませんでした。できることと言えば選手個人の支援ぐらい。それでは一部の貢献に過ぎません。

誰もやったことないような規模で全体に関わる貢献をしたい。このような思いの流れを経て、現在Tリーグ開幕に奔走しています。

「人生に流れる川のような自然の流れに逆らわない」

これは、自分の中で大切にしている感覚です。あえて自然の流れに身を任せてみる。すると、その流れに乗った先も見えてきて、短期的未来の展望と長期的未来のビジョンが開けてきます。そこから、「今これをやった方がいいな」という瞬間的なひらめきが出てくるのです。

今、自分の頭の中には55歳の時と60歳の時に何をやるべきか、そのビジョンがあります。本来「ひらめき」とは、あるきっかけで突然〝降ってくる〟ようなものかもしれませんが、自分の場合は逆で、今ある流れに乗って先を見据えているからこそ〝湧いてくる〟ような感覚です。今、私の中にあるビジョンが本当に実現するのかどうか、ぜひ見守っていただければと思います。

松下浩二氏の心の鍵が開いた瞬間

ゼミに入学した2007年は北京オリンピック前年。トップ選手だった松下さんは、オリンピック出場をかけて戦いながら、同時に学ぶという「二足の草鞋」に挑戦しました。限られた時間を有効に使うためメーリングリストなどを駆使していましたが、そこでスムーズにコミュニケーションを取れたのは、体育会系気質を感じさせない、皆から好かれる人柄も大きかったと思います。20年以上も前に卓球のプロ選手になって日産自動車へ移籍しました。当時、Jリーグの横浜マリノスを横目に見ながら、日本卓球プロ化への思いを強くしたのではないでしょうか。その秘めた思いがドイツや中国のプロリーグ研究によって、日本の卓球プロリーグへの具体的な構想へと繋がります。そして、同期の講談社・野間省伸社長、シダックス・志太勤会長などとの交流によってビジネス面でも理解が深まっていきました。ゼミ仲間の存在によって得られる外部の視点が、選手として卓球の最前線の現場に立っていたからこそできた発見をもたらしました。現にその後、研究テーマを定め、学術的な論文を執筆する段階に入ってからも構成や執筆は滞りなく進みました。2008年3月に修了し、8月の北京オリンピックには解説者として滞在していました。現地で会い、「いつか中国に伍したプロリーグを作る」と話していましたが、論文を書いてから10年経った今、Tリーグの構想が形になってきた事には万感の思いがあります。是非とも成功してほしいと思います。

前・陸上男子100m走日本記録保持者 » 前・日本陸上競技連盟強化委員会強化委員長

伊東浩司

Koji Ito

profile
いとう・こうじ／1970年1月29日生まれ。兵庫県出身。報徳学園、東海大学を経て、1992年富士通株式会社に入社。1998年のバンコクアジア大会100mで10秒00を記録し日本記録を更新。同大会MVPに。1996年アトランタオリンピック、2000年シドニーオリンピックに出場。2001年より甲南大学の保健体育研究室に所属。その後スポーツ解説者などをしつつ2009年、神戸市教育委員会教育委員に。2011年、関西学生陸上競技連盟ヘッドコーチ就任。2013年、日本陸上競技連盟強化委員会短距離部長、2015年同連盟強化委員会副委員長を経て2016年より強化委員会委員長に就任。2017年同職を辞任。
平田ゼミ第2期生。研究テーマは「韓国における陸上の普及施策に関する研究～世界選手権2011年韓国大邱大会にむけて」。

19年破られなかった日本記録

陸上男子１００ｍの日本記録、10秒００を記録したのは１９９８年の12月13日、バンコクアジア大会においてでした。その時「アジア人初の９秒台突入か」と話題になったのですが、以来２０１７年に至るまで、この話題は19年もの間、続くことになります。

２０１７年まで破られなかった日本記録を、なぜ１９９８年の自分は出せたのか。それはトレーニングを含め、それまで固定されていた考えに囚われなかったからだといえます。

特に他の競技のアスリートに積極的に話を聞いて回ったことは、当時の陸上界では誰もやっていないことでした。陸上界には、「走る」という行為が全てのスポーツの中心にある、という不思議な先入観があります。ですから他の競技から聞かれることはあっても、他の競技に聞くという発想はありませんでした。

自分は典型的な早熟型で、記録は中学生時代から出ていました。では、若い時分からさらに上のレベルを見据えた時に、何をしていけばいいのか。その時、理想の走りと現実の教えとにギャップを感じたので、独自に探求していこうと思ったのです。

そこで、当時お世話になっていた鳥取のスポーツジム「ワールドウイング」に来ていたスピードスケートの堀井学君や楠瀬志保さん、飛込の元渕幸さん、プロ野球の山本昌さんやプロゴルフの青木功さんなど、ありとあらゆるスポーツの第一線で活躍されている方にお話を聞きました。

短距離走の基礎は、体育の教科書にも載っているほど一般的なものです。スタートの仕方、腕の振り方から足の上げ方、運び方まで。でも、スピードスケートは短距離走のようなスタートは切らない。水泳にしてもスタート時の腰の高さや足の位置は短距離走のそれとは違います。短距離走では腿を上げて腕を振れ、と当たり前のように言われるのに、競歩は膝も上げずに速く動ける。単純に短距離走で言われている動きとは違うことに疑問を抱いて、そこから走りのヒントを得ていきました。

当時、そんなことを考えていた短距離走の選手は自分くらいのものでした。話をうかがったみなさんには、

「陸上の選手は視野が狭い」

と、口をそろえて言われたものです。

また、当時の陸上界には、選手は一人でストイックに自分の身体と向き合って追い込んでいくのがよし、とされる空気もありました。

ですが私は、他競技の方に話を聞く以外にも世界のレースを転戦するなど、当時の陸上短距離界の常識とは違うことに取り組んで批判も受けました。さらに、

「9秒台、出せますから」

と言い続けていたことが生意気に捉えられたのか、陸上専門誌からスポーツ紙、一般紙、さらに大きなメディアへと話題が拡散していき、コテンパンに叩かれました。

一方で、1990年代は私のように、それまでの常識から逸脱した方法でメディアに叩かれ

ながらも、海外へ挑戦しに行くタイプのアスリートが多かったと記憶しています。野球でいえば野茂英雄さん、サッカーでいえば中田英寿さん……みなさん独自のやり方で海外へ挑み、結果を出していました。そういった風潮に乗って、自分もちょっと違う方向へ進んで新しいことを見つけたい、という気持ちはありました。

現在に通じる貴重な学びの場

２０００年のシドニーオリンピックに出場した後、私はただただ地元の神戸に帰りたくて関係者のつてをたどり、甲南大学のスポーツ・健康科学教育研究センターの教授になりました。そこで女子陸上部のコーチを始めて、それは今でも続けています。

競技の第一線から退いて神戸に身を落ち着けることができたわけですが、すぐにショックを受けることになります。東京にいると気付かなかったことなのですが、陸上というスポーツにおける中央と地方の温度差をものすごく感じたのです。そしてその温度差は陸上に限らず、あらゆるアマチュアスポーツに通ずるものでした。大学のコーチという身に落ち着きましたが、ショックを受けた自分が考えたのは「強化より普及が重要だろう」ということ。この思いが、自分を駆り立てました。

それから早稲田大学競走部監督の礒繁雄先生や甲南大学同窓会の会長、ミズノ株式会社の水野正人会長らにお話をさせていただき、紹介してもらったのが早稲田大学大学院スポーツ科学研究科の平田竹男研究室社会人修士課程1年制コースでした。

平田先生が提唱される「勝利・普及・資金」のトリプルミッションモデルにはいきなり衝撃を受けました。そして1990年に私がワールドウイングで行っていたように、いろんな競技に携わる方に話を聞ける――しかも今度は学術的に――という学びの環境は、凝り固まった陸上界に風穴を開けるヒントに満ちていました。

あらゆる学びが得られた中で、特に自分にとって有益だったことが二つあります。一つは「自分の言葉で論理的に話をすること」、そしてもう一つは「外部に目を向けること」です。

自分の言葉で論理的に話をするには、根拠が必要です。その根拠となるのはデータ。平田ゼミでは統計学など、データの収集法や分析法を学びました。そこで、データは〝得る〟にも〝発信する〟にも重要だということを思い知らされます。正直、当時は論文をまとめるための論拠として必要不可欠なのがデータ、というぐらいの考えでした。しかしその後、自分の活動を支えるベースになるほど、データは自分にとって重要なものとなりました。

外部に目を向けることは、論文のテーマを決める時から活かされました。私が決めた論文テーマは「韓国における陸上の普及施策に関する研究」。それまでの自分であれば、きっと日本を中心にした論文テーマにしていたはずです。ですが、外部に目を向け、日本陸上界の類似例を探していると、韓国がとても参考になることに気付かされました。

韓国は自国開催となる1988年のソウルオリンピックで、戦後に開催された五輪の陸上競技の中で唯一、開催国でメダルを獲得できなかった国です。さらに男子100m走では、

１９７９年に徐末九《ソ・マルグ》が樹立した10秒34の韓国記録が、研究していた２００７年時点で更新されていませんでした（その後、２０１０年に金国栄《キム・グクヨン》が10秒31を記録、31年ぶりにナショナルレコードを塗り替えました）。また世界選手権でも、２００１年エドモントン大会から４大会連続でメダリストはおろか、入賞者すら出ていませんでした。２００７年の世界陸上選手権大阪大会では韓国内のテレビ視聴率は１％に満たないほどの苦境に喘いでいたのです。

そこで、特に停滞していた韓国の１００ｍ走に着目し、なぜ活性化されていないのか、その原因を突き止めることが、日本陸上界の普及と底上げに繋がるヒントになると考えたのです。

実際に大韓陸上競技連盟をはじめ、韓国の中学、高校、大学、実業団、スポーツメーカーなど関係者へのインタビューを行い、大学生のトレーニング方法を視察しました。

結果、分かってきたのは、大韓陸上競技連盟は強化一辺倒で「勝利・普及・資金」のトリプルミッションを形成できていなかったという点です。

韓国スポーツ界ではよく見られることですが、大韓陸上競技連盟の考えは、まずは少数精鋭のエリート強化システムを貫くことでスターを生み出すこと。そしてスターが出現すれば普及に繋がり、ひいては市場を形成するという青写真でした。

ですが、スターを生み出す素地になるはずの大学のトレーニングは旧来のものばかり。実業団に至っては、年間の試合スケジュールと国際試合のスケジュールがかみ合わない。さらに代表選考の基準も曖昧なために、国内最高峰の韓国選手権より、進学や就職で査定される全国体育大会や種目別選手権の方が選手に重視されるというアンバランスぶり。

強化を重視しているといっても、世界と戦えておらず、基準も曖昧な陸上界に有能な人材が集まるはずもありません。結果、サッカーなど世界と戦える他の人気スポーツに人材が流れ、陸上界にスターは育たず、普及や市場は冷え込む一方という悪循環に陥っていたのです。

もし韓国が男子100m走を復活させるのであれば、積極的にジュニア層から人材を取り入れるために競技場やテレビでの観戦数を増やすこと。そして最先端の科学的トレーニングを取り入れ、企業を巻き込んだクリニックなどを展開していくこと――他のスポーツのトリプルミッション成功例を引き合いに、そのような施策を考察しました。

そして論文にまとめきったことで、自分の頭の中にあった思いと論理が整理されました。この論文執筆経験が、今の活動にストレートに影響してきます。なぜなら、韓国にあった問題の多くが、日本陸上界に当てはめられたからです。

日本陸上界が置かれた厳しい現実

2017年9月9日、日本学生陸上競技対校選手権大会男子100m走決勝において、桐生祥秀（東洋大）が9秒98を記録。遂に日本人が10秒の壁を突破しました。もちろん、歴史的快挙であることは間違いありません。ですが、日本記録が更新されるまで、正直、もどかしさを感じていたのも事実です。

私が現役時代に実践したトレーニングは、分析したら理に叶っているものもあるかもしれませんが、決して推奨しようとは思いません。私の理論は独自のものでしたが、今は科学がかなり進化しているわけで、トレーニングにも科学的な裏付けがあります。つまり、桐生や山縣亮太、ケンブリッジ飛鳥らはもっと以前から9秒台を出せる状況にあったはずなのです。

私の時代はまだ、何をすれば10秒台を切れるか、明確な科学的論拠は見出せていませんでした。理論とトレーニングを組み合わせ「化学変化」を期待するしかなかったのです。でも現在の科学はかなり核心に迫っています。それこそ１００ｍを走り切る理想的な歩数まで分かっている。何をどうすれば10秒台が切れるか、明確な「科学変化」をもたらせる方法が既にある。ですから、だいぶ間が開いたものの、２０１７年中に日本人初の9秒台が記録されるのはまず間違いのないところだと考えていましたし、現にそうなりました。

ただ、世界の現状を見渡せば、喜んでばかりいられないことが分かります。

人類で初めて9秒台に突入したのは、ジム・ハインズ（アメリカ）が記録した１９６８年のことです。私が生まれる前、今から半世紀も前に人類は9秒台の世界に足を踏み入れています。その後私が現役の頃、９秒台を記録したことのある選手は世界で30名弱だった記憶があります。それがこの20年ほどの間に１００人以上に増えています。

確かに9秒台は日本人の希望、夢でした。でも世界は、かなり先まで既に進んでいってしまっているのが現状です。

この世界との差の拡大は、短距離走に限ったことではありません。現在のマラソンの世界記録は2時間2分57秒。もはや2時間を切ろうというプロジェクトも動き出している中、日本記録は2時間6分11秒。2018年の東京マラソンで設楽悠太が16年ぶりに日本記録を塗り替えましたが、それでも世界との3分強の差は、距離で言ったら1km以上の差になります。かつて日本のお家芸といわれていたマラソンが、これほどまでに世界との差を広げられているのです。

2020年に自国開催の東京オリンピック開催を控えている状況で、この現状は深刻です。オリンピックの歴史を振り返ってみても、前半戦は競泳、後半戦が陸上という大きな流れがあります。現在の強化体制から見て、競泳がメダルラッシュに沸く姿はわりと容易に想像がつきます。では、その勢いを受けて注目される陸上はどうか。客観的に見て、リオデジャネイロオリンピックで銀メダルを獲得した男子4×100mリレーと、史上初めてメダルを獲得した競歩、この2つにプラス2～3種目ぐらいしかメダルを期待できません。リオデジャネイロへは30～40名も陸上の代表選手を送り込んでおきながら、メダルは2つしか取れなかった。残念ながら、これが日本陸上界の現実なのです。

道しるべの構築に向けた「構造改革」

この現状に風穴を開けるために何ができるか。自分が考えたのはティーチング（教え）よりコーチング（導き）です。日本陸上競技連盟（日本陸連）などで勉強させてもらい、日本陸上界を取り巻く環境を改善していくことで、世界でメダルを獲るための道しるべを作る方が、選手に技術などを教えるより重要だと思いました。

道しるべの必要性は、自身が現役時代から痛感していたことでもあります。先に述べたように、地元に戻ってからその必要性はさらに強く感じられるところとなりました。

そして、平田ゼミを修了してから5年後の２０１３年に日本陸連からお声がかかり、強化委員会短距離部長に就任しました。２０１２年のロンドンオリンピックの日本陸上短距離陣の不振、そして東京オリンピックの決定があり、何かしら変化が求められるタイミングで白羽の矢が立てられた形でした。

さらに、２０１５年11月に強化委員会副委員長に、リオデジャネイロオリンピック後の２０１６年10月からは強化委員会委員長になり、日本の陸上競技全体を見渡して強化を図る立場になりました。週に2回上京して、強化施策や選手選考、派遣設定記録の決定、各種大会の運営や強化指定制度の整備、各種目への予算の割り振りなどを行いました。

実際に日本陸上界を俯瞰できる立場になって改めて感じたのは、誰がいい、悪い、という話ではなく、現在の日本陸上界に巣食う構造的な問題です。

日本の陸上界は日本陸上競技連盟が頂点にあるのですが、その下に紐づくのは各都道府県の陸上競技協会だけ。日本実業団陸上競技連合（実業団）や日本学生陸上競技連合（学連）、高等学校体育連盟（高体連）、中学校体育連盟（中体連）は全て別の組織として横並びに独立しています。ですので、各組織の思惑がしばしばバッティングします。例えば、学連は大学のインカレを最重視する。高体連は総体を最重視する。その大会日程を優先すれば、国際カレンダーに合わせて各所属選手を海外へ派遣することは難しくなります。

日本陸連としては、国際経験を積ませるためにも選手を海外の大会や合宿に派遣したい。でも選手は普段、所属する組織でトレーニングを積んでいますから、スケジュールや出場予定の大会すら把握できていない。縦割りの独立組織であるだけに横の連携がなく、情報を共有するシステムが構築されていないからです。このように、一人の選手を組織的に育成、バックアップしようとしても、方向性が一つに定まりにくいのです。

このあたりの問題は、平田ゼミで研究した韓国の例に非常に似ているところがあります。

そこで、まずは組織ごとにばらばらの方向性を一本化する「構造改革」に取り組みました。各組織の強化委員長を呼んで、月に一回話をする。情報交換や意見のすり合わせをして、情報共有を図る。ごく基本的なことなのですが、これが最も重要なことです。情報が共有できていないと、反発や別の案が出てくる。多種多様な意見をまとめあげ、情報を共有し一元化するだけで混乱は収まり、選手にとってはだいぶ居心地のよい環境になるはずです。

陸上の大会というのは、世界のあらゆるところで日々開催されています。その情報を共有することも変化をもたらします。日本人はこれまで海外のレースに参加するより、合宿を組みたがる文化がありました。その理由の一つとして、世界の陸上大会のカレンダーを正確に把握できていないことがあったと考えられます。その点を改善するだけで、建設的な強化施策が打てるようになるはずです。

いつ、どこで、どんなレベルの大会が行われているのか、その中でどの大会に参加することが有意義なのか。そういった情報を分析、共有することで、各組織へ説得力ある説明が可能になりますし、実りある国際経験を積むことができます。

「情報戦略」で強化と普及の突破口を開く

組織の構造改革と同時に「情報戦略」は、日本陸上界の将来を考える上で、普及と強化の両面に訴求できる大事なキーワードになっていると考えていました。

そして、情報を〝得る〟観点からいうと、陸連での新たな取り組みとして、数字を客観的に分析するアナリストを置きました。

他の競技団体を見渡してみれば決して珍しいことではないのですが、陸連にはこれまで専門的なアナリストはいませんでした。記録を録って横並びにし、平均タイムを出すといったことはしていましたが、記録の変動や傾向といった部分まで分析はしていなかったのです。

平田ゼミで統計学を習い、気付かされたことですが、数字に基づく強化は、時に大きな効果をもたらします。

２０１６年リオデジャネイロオリンピックで史上初の銀メダルを獲得した男子４×１００ｍリレー。日本の強みはバトンパスですが、受け渡しゾーンでの走者と受け手のスピードバランス、バトンパス時の角度などは、全てデータ的に裏付けされています。

データは技術面のみに効果を発揮するわけではありません。例えば、コンディションをピークに持って行きたい大きな大会が8月にあるとします。すると、春のシーズン最初からベストタイムを出すのは時期が早すぎる。これが、私を含めた多くの関係者の認識でした。

しかし、アナリストにこれまでの主要大会のファイナリストのシーズン記録を全て分析してもらったところ、大会前月から9秒台のタイムを出すのはメダリストになる超トップクラスの選手だけ、といった統計が現れました。4番手以下の選手は、おしなべてシーズン最初から9秒台を記録していたのです。つまり、我々が考えていたピーキングの方法は、世界における一般論ではなかったということです。

このように、数字の傾向や根拠を知って初めて世界の動向に気付かされる点があります。もしアナリストからの進言がなければ、各選手の指導者に間違ったピーキングの方法を伝えたり、選手たちにアドバイスしたりし続け、世界との差はもっと開いていたかもしれません。

次に、情報を〝発信〟することも大切になります。日本の陸上はプロ組織がありません。なので、野球やサッカーと違って情報を発信するのが難しいのです。

もちろんプロ化は望んでいますが、現状はそれ以前のレベルです。桐生や山縣が好記録を出しても、ケンブリッジや福島千里が個人的にプロ宣言をしても、一過性の話題としてしかメディアには取り上げられません。

話題があったとしても、情報を発信しない限り人に知られるところにはなりません。誰かが継続的に情報を発信しなければならない。その役割は私が担っていました。男子100mが9秒台に入る前は記録にフォーカスして話題を広げることができましたが、私がお願いしていたのは、むしろ9秒台が出た後のことです。

9秒台が出たら、その話題性をいかに長続きさせるか。それは以前から考え続けてきたことでした。9秒台が記録される前から桐生をはじめ、山縣やケンブリッジがインカレや日本選手権に出場すれば、2万人以上の観客がスタジアムへやって来ました。実は、Jリーグとほぼ同数の観客が入るのです。この盛り上がりを、いかに継続させるか。たとえ2万人の観客がいても、中継するテレビカメラの映し方によってはスタンドがガラガラに見えてしまいます。アメリカでは映像の撮り方が研究されていて、我々も工夫が求められるところです。

地道にメディアへ営業することも大事です。アジア大会など大きな国際大会の場合、同じ日に複数の競技が行われます。そこで陸上と他の競技が同時にメダルを獲ったり記録を出したりしたら、どちらが優先的に大きく扱われるのか。最優先に扱われるのか、他の競技に準じて扱われるのかは、陸上界にとって大きな違いです。そのようなケースに遭遇した際を見越して、私は陸上を優先してもらうよう根回しをしました。これは日本陸連で仕事をするようになって以来、ずっと続けていたことです。

以前、青山学院大学の陸上競技部長距離ブロック監督で、平田先生のゼミにも入学した原晋さんに初めて会いましたが、情報発信やブランディングなど情報戦略が非常に長けていると感じました。

自分もかつてメディアに携わる仕事を7年ほどやらせていただきましたので、メディア側の考えも分かります。競技を盛り上げるために一生懸命報道してくださっていることには、もちろん感謝しています。メディアが欲しているのは、やはりスターです。そして、何とかスターを作ろうとしてくださっている。今、男子短距離界を中心に有望な若手が数多く取り上げられていますし、注目されることでよりたくましく成長してくれることを願っています。ただ一方で、彼らは世界と戦える実力を身に付けてスターにのし上がったわけではなく、メディアのニーズによって押し上げてもらっている側面もあることは忘れてはなりません。

東京オリンピックへ向け断行されている「選択と集中」

真の実力でスターになるには、世界選手権やオリンピックでメダリストになることです。特に2020年には自国開催の東京オリンピックが控えています。そこで、東京オリンピックでメダルを獲るための施策として打ち出したのが「選択と集中」です。

日本人は平等を好みますが、男女合わせて47種目ある陸上競技を全て平等に扱っていては東京オリンピックで大きな成果は臨めない、というのが現状です。となると、メダルを獲れる種目、獲れそうな種目を選択し、そこに資金を集中投下してバックアップしていくしかありません。

そこで、ブロック制を禁止にしました。これまで陸上競技は短距離ブロックや長距離ブロック、跳躍ブロック、投擲ブロックといったように種目ごとを大まかに分けてブロックを形成し、予算配分などを行っていました。

例えば投擲ブロックだと砲丸投げ、円盤投げ、ハンマー投げ、やり投げが一括りになっていて、まとめて予算が投下されていました。そして4種目に予算を等しく配分していたのですが、これだと強化種目を具体的に絞れません。投擲ブロックで言えば、現時点で最もメダル獲得の可能性があるのは新井涼平がいる男子やり投げです。一方、室伏広治が引退したハンマー投げは現在、メダルを狙える位置にありません。この際、予算をより多く投下すべきはやり投げですが、これまではそれが叶いませんでした。

そこで、予算配分はブロックごとではなく、均等でもなく、種目ごとに優先順位をつけて3つのカテゴリに分けることにしました。

トップのカテゴリはメダル、入賞を狙える種目。リレーと競歩、400mハードルに棒高跳び、やり投げの5種目です。続くカテゴリは準決勝進出レベルの種目、最後のカテゴリは標準記録に到達しないレベルの種目です。

唯一、マラソンのみ特別なプロジェクトとして、3つのカテゴリからは独立させました。カテゴリで言ったら一番下に来てしまいますが、日本国民の期待値の高さを考慮しての処置です。

ただ、マラソンだけを特別扱いするわけにはいきません。あくまでメダル獲得を前提に動いてもらわなければならない。そこで、マラソン関係者に説明させてもらったのは「メダルを獲る前提と透明性のある選手選考」です。オリンピック出場だけを考えるのではなく、オリンピックでメダルを獲るために何ができるか。そこで日本陸連強化委員会マラソン強化戦略プロジェクトの瀬古利彦リーダーのおかげもあって変革が加えられたのが、代表選考の新方式。2017年3月に発表されて話題になったものです。

新方式では、これまでの選考会のみの一発勝負による選考を止めました。代わりに、過去2年間の国内主要大会で成績を残した選手が五輪代表選考会に臨み、上位2名が内定を勝ち取る、という2段階方式にしたのです。

この新方式は、オリンピック本番で結果を残すデータの裏付けに基づいています。分析によると、オリンピック前年度の世界選手権である程度の記録と順位が出ていなければ、翌年の本番で大きな成果は期待できないというデータが出ています。五輪イヤーになって、いきなり世界トップレベルに名乗りを上げる選手はほぼいません。ですので、2020年東京オリンピックの選手選考に際しては、2019年と2020年の2年間の成績を一括りとして見るようにしました。

データは別の傾向も示唆しています。五輪イヤーの翌年は国際大会のレベルが下がる、という分析です。世界トップレベルの選手たちが、一旦身体を休めるのがこの時期なのです。

一方で、日本人は性格的に休まない。ということは、国際大会で活躍するチャンスが広がります。普段であれば予選で敗退してしまう選手でも、準決勝に残れる可能性が高まります。もしかしたらファイナリストにも残れるかもしれません。予選と準決勝、決勝では競う選手のレベルも、観客の雰囲気も全く変わってきます。一つでも上のレベルのレースを走ることで、それまで見たことのない世界を肌で感じてもらえれば、以後見えてくる景色も全く違ったものになるでしょう。そして、何より自信を得ることができます。

いかにレベルが下がろうと残るのは結果。そういう意味ではリオデジャネイロオリンピック翌年の２０１７年は、積極的に海外などの大会に挑んで自信を掴み取ってくる年になることを望んでいました。実際、ロンドンで開催された世界陸上選手権では、サニブラウン・アブデル・ハキームが男子１００ｍ走で準決勝に進出、男子２００ｍ走では史上最年少のファイナリストになりました。伸び盛りの10代の選手が、世界の準決勝と決勝の光景を見られたことは、少なからぬ収穫をもたらしたはずです。

さらに新たな試みとして、メダル獲得予定数といった「数値目標」を早い段階から立てることを止めました。基本的には五輪直前の日本選手権が終わり、代表選手が出そろうところまで発表は考えていません。というより、強化日程やピーキングの観点から考えると、発表できないのです。

これは、前回の１９６４年東京オリンピック時の反省でもあります。当時は、かなり早い段階からメダルと入賞の数値目標を打ち立てていましたが、選手に過度なプレッシャーをかけてしまいました。今後は目標を立てる際も数値的な裏付けをもってサポートし、選手の背中を押せるようにしていくべきでしょう。

1日の遅れが日本陸上界にマイナスをもたらす

組織改革に情報戦略、これまでの平等主義からの脱却……。そういった大きな組織に変化をもたらす立場で仕事をするというのは当然、反発もあり、厳しいものでした。

でも、なぜやるのか。1960年代の陸上の雑誌に、1928年のアムステルダムオリンピックの三段跳びで金メダルを獲得した織田幹雄先生が、今の自分と同じような立場に立った時のことを書かれていました。

「一日の遅れが日本の陸上にとってマイナスになる」

と。その思い一点に尽きます。称賛もない、やりたくてやるわけじゃない、でも誰かがやらなければいけない。

平田先生にも同様のことを問われました。

「解説などの人に褒められる仕事を選ぶのか、それとも人から厳しい言葉を浴び続ける仕事を選ぶのか」

先生には後者で戦え、と勧められました。

それは褒められる仕事の方が楽ですし、収入も上がります。一方、今の日本の陸上を考えると、2020年に何か褒められるような短期的な成果は期待できない。現役時代、腫れもの扱いされた自分ですが、その後も自分の立場は本当に厳しいものでした。ですが、自分自身が報われようと思ってやってはいません。2009年から神戸市教育委員会で教育委員を続けていますが、現在の久元喜造市長とも話したことがあります。何かを変えようとした時、必ず反対側から意見が出てくる。その際、その反対意見を聞き入れたら変えることは叶わない、と。バランスを取るのは変化を推し進める中心人物の周囲がやるべきであって、中心にいる人物は心を鬼にして遂行しなければならない、と。

私はこの話を、反対意見を無視するのではなく、反対意見を聞いても軸ぶれしない、と解釈しています。トップダウンではなく、あくまでマネジメントしていく役割だと割り切っています。多くの方の意見を聞くことは前提としてありつつ、たくさんの情報と裏付けをもって反対意見を説得しつつ、自分は2つの答えを持たない。この姿勢を保ちながら、今後も日本陸上界の発展に何かしらの形で寄与し続けていきたいと考えています。

伊東浩司氏の心の鍵が開いた瞬間

変わった人とのお付き合いが得意な私も身構えたのが、伊東さんとの出会いでした。最初は早稲田大学の礒繁雄先生からの紹介でした。出会って感じたのは、若い年代からスターとなった人特有の、他人への警戒心です。最初は、いかなるコメントに対しても簡単には同意しない態度が目立ちました。そんな伊東さんを、どのように本質的な研究へ導けるのか。それが私に課せられた試練でした。

日本のことを論文に書こうとすると、日本人とのコミュニケーションや配慮が難しい。となると決して本当の真実を見つけられないし、客観化することも難しくなります。そこで、研究対象として外国を選ぶことにしました。そして強化よりは普及に焦点を絞りました。それがブレイクスルーのきっかけになったと思います。一つのテーマを深く研究する姿勢を持つことで、他のテーマに関しても深堀りする能力が付いていきます。これから先、あらゆる場面でも同じ能力が求められていくことでしょう。

ゼミの2期生として入学されてから10年が経ち、伊東さんが当時の思いを遂げつつあるのは嬉しいことでしたが、2017年12月に日本陸連の強化委員長を辞任されました。同年9月に桐生選手が日本人初となる男子100m走で9秒台をマークしたことで一区切りとし、教授を務められる甲南大学が創立100周年を控えていることも理由となっているようです。ここまでの形を作ったことに拍手を送りたいと思います。

伊東さんと同じく、元100m走日本記録保持者の青戸慎司さん（7期生）も、日本陸上界の発展に貢献しています。

十文字高校サッカー部監督＆一般社団法人十文字スポーツクラブ常務理事

石山隆之

Takayuki Ishiyama

profile
いしやま・たかゆき／1965年8月26日生まれ。東京都出身。日本体育大学卒業後、大東学園高校、都立大山高校教諭を経て十文字中学高等学校教諭。日本サッカー協会47FAインストラクター、東京都サッカー協会指導育成部会、一般社団法人十文字スポーツクラブ理事など多くの肩書を持つ傍ら、十文字高校女子サッカー部監督として2017年第25回全日本高等学校女子サッカー選手権大会優勝。2016年より十文字学園女子大学次世代教育推進機構カレッジスポーツセンター准教授に。
平田ゼミ第3期生。研究テーマは「高校・大学における女子サッカーの発展に関する研究～競技力と入試難易度の観点からの考察」。

危機感が生んだマネジメントへの興味

十文字学園に来て20年以上が経ちますが、その前は都立高校の教員を務めていました。公務員として都立高校で働いていれば一生安泰だったものの、異動がある関係上、同じ学校に根を生やすことはできません。その後、縁あって女子校である十文字高校へ移ることになるわけですが、周囲の反対を押し切り、生活の安定を捨ててまで決断したのは「異動のない私立校で教鞭をとれば、何か一つの部活動を突き詰めることができる」と考えたからです。

突き詰める対象としてあった選択肢は、女子サッカーか水球でした。サッカーは中学、高校時代にプレーしていましたし、水球は日本体育大学時代にやっていたライフセービングの経験を活かせると考えていました。両競技とも強豪校に赴いて勉強させていただき、熟慮した末、女子サッカーに身を投じる決意を固めました。

そして1996年に同好会を立ち上げた時、チームのエンブレムを考えました。自分の机の上で色鉛筆を使ってデザインしたものが今でも使われています。

エンブレムには「FOOTBALL　CLUB」としたためました。立ち上げ当時から、将来的には一つのチームではなくて中学校、高校、大学までをまとめたクラブのようなものを作り上げたいという、漠然としたイメージがあったのです。

以来、十文字高校の校風でもある文武両道を追い求める形で十文字のサッカーをシンクロさせ、追求してきました。進学実績があり、かつサッカーでは全国大会に出場できる。それをウりにすることで、次第に全国からも入学を希望する生徒が集まってきました。

校庭を人工芝にしてくれたり、大学に練習場を確保していただいたり、徐々に環境が作られていく中で、自分もJFA公認A級ライセンスや、日本サッカー協会47FAインストラクターの資格を取得するなど、指導者の勉強を続けてきました。高校時代までプレーしていたとはいえ、Jリーガーになるほどのサッカー選手でもありませんでしたし、指導者としての知識も豊富とは言えませんでしたので、ひたすらインプットするしかなかったのです。

最初は部員9人。中学時代にバスケットボール部に所属していた選手たちを中心に声をかけて、女子サッカー同好会はスタートしました。備品はボール1個ありませんでした。その状態からコツコツとチームを作っていき、同好会発足後から7年後の2003年に全日本高等学校女子サッカー選手権大会へ初出場。以来、2008年、2009年、2011年と、3度の3位を経験します。

実は、最初に3位になった2008年、それまで、何が何でも勝ちたいという意気込みがありましたが、まさか本当に3位になるとは思っていませんでした。そして、予想を超える結果を得た後、自分の中に起きたのは小さなバーンアウトでした。

それまで遠くにあった全国優勝というものが「夢」ではなく、手を伸ばせば届く「目標」になった感覚がありました。これで、もし日本一になったら――これまで継続してきた取り組みが終わってしまう、そこから先に目指すべきものがなくなってしまうと思ったのです。

このままではいけない。人知れず危機感を感じた私は、次へのチャレンジを探し始めます。

そして辿り着いたのが、「女子サッカーを多角的に突き詰めていきたい」という気持ちでした。

私は女子サッカーをインターハイ種目にしたくて、東京都の高体連女子サッカー専門部設立に動いたこともありました。当時、加盟校はわずか20校足らずだったと記憶しています。なぜ、そんな行動を起こしたかというと、部活を強化するだけでなく、女子サッカーをスポーツとして独り立ちできる存在にしたいという思いがあったからです。その自分の心の奥にあった気持ちを掘り起こし、マネジメント面の活動を新たな取り組みの対象にしようと考えました。

十文字学園は理解がある学校で、教員としての本分さえ守っていれば、外部で学ぶことにも寛容でした。

そこで必死に調べたところ、行き着いたのが日本サッカー協会で女子サッカーの普及に尽力された実績もある早稲田大学大学院スポーツ科学研究科の平田竹男先生の研究室。その社会人修士課程1年制コースでした。

とりあえずという気持ちで先生にメールを送ったところ、すぐに返信が返ってきたことをよく覚えています。

エンターキー一つを押すことで、新たな世界が無限に広がる。メールの返信を受けた瞬間、見えそうで見えていなかった自分のやるべきことが、針で突つかれて一気に広がる予感を得ました。

出会いが引き起こした新たなムーブメント

十文字高校が高校女子サッカー選手権で初めて3位になった直後に、平田先生のゼミへ入学することになりました。

平田ゼミの教えは一言で言うと「習うより慣れろ」。私としては女子サッカーをマネジメントするための形を具現化するつもりでゼミの門を叩いたわけですが、何かを「教えてもらおう」と受け身の姿勢で臨むものではないことに気付かされました。平田先生はとにかく指摘が速く、こちらの返答も即答を求めます。だからといって、生半可な答えだとさらに指摘されてしまいます。媚びてもいけないし生半可に知ったふりでもいけない。私にはその意図が分からず、たびたびフリーズしてしまいました。私は打たれても最後まで立ち向かう性格なのですが、その性格を見越して〝あえて〟とことん厳しい指摘で追い込まれたと思います。

なぜ、常に即答を求められたのか。それは、頭を高速回転させる先に、必ず何か得るものがあったからです。ですが、後になって分かったその真意も、当時の私には分かりませんでした。今考えると平田先生の厳しさは愛のムチだったことが分かりますが、当時の私には先生の真意を知るよしもなく、ゼミではとにかく反骨心で向かっていくしかありませんでした。指導の狙いに気付くまで時間を要した分、ゼミでは一番の劣等生でしたが、わけも分からず食らいついていったことで修了後に効果を思い知らされることになります。

平田ゼミで得た宝物があります。それは仲間です。フットサルチームのオーナーや水泳ナシヨナルチームコーチ、会社経営者、学者、メディア記者など同期にも多種多様なジャンルの人材がそろいましたが、横断的に他のゼミの人にも多く出会うことができました。彼らと一緒にお酒を酌み交わしながら、自分たちが取り組んでいることやアイデアを出し合うことで化学反応が起き、また新たなアイデアが次々と湧いてくるのです。いろいろなものが混ざり合うことで、あちこちの場所から煙が出たり光が差したりするイメージと言いましょうか。

出会いが新たなムーブメントを巻き起こすことを知った私は、修了後も先輩を含めた仲間たちと飲む機会を設けています。彼らの存在は研究をする上での支えになりましたし、刺激になりました。今振り返っても思うのですが、私が論文を書ききりゼミを修了できたのは自分自身の力というよりも、みなさんの力によるものです。

ゼミに入学する以前も様々な資格を取得して勉強はしていましたが、それはサッカーやライフセービングといったスポーツ競技のジャンルの中にとどまっていました。平田ゼミでの学びは、むしろスポーツの外がメイン。学校スポーツや地域スポーツといった身近なものから行政、法律、経営といった全く知らなかった分野まで、幅広い分野に触れました。そして、仲間たちの話を聞くうちに、漠然とあった自分の頭の中の研究イメージがまとまってきました。

頭を高速回転させる習慣付け、そして仲間からもたらされる化学反応、それにサッカー外の分野を深掘りしていった結果、研究テーマは「高校・大学における女子サッカーの発展に関する研究〜競技力と入試難易度の観点からの考察」に決めました。

研究を始めた2008年当時、日本の女子サッカーはまだ世界一になる前の段階でした。それでも2008年の北京オリンピックで4位になり、高校年代の競技者数は増加傾向だったことは現場に立っていて実感していました。しかし、高校を卒業するとサッカーをやめてしまう傾向も同時に実感していました。その真相を突き止め、女子サッカー発展のための施策を考察しよう、というものです。

研究は、まず日本の女子サッカーと女子サッカー先進国であるアメリカ、両国の普及と現状を調査・分析することから始めました。結果、アメリカにはNCAA（全米大学体育協会）が生み出すカレッジスポーツの好循環があることが分かりました。一方の日本は、多くの選手が大学進学と同時に女子サッカーから離れてしまっている。このギャップに普及面の差を生んでいる理由があることが分かります。

そこで、日本の大学女子サッカーリーグにどのようなタイプの大学が所属しているのか、その傾向を競技力と入試難易度という2つの要素から分析しました。各大学をポイント化し、「文武両道型」「競技成績重視型」「発展途上型」「学力重視型」の4カテゴリに分けてみると、「文武両道型」が極端に少ないことが分かりました。そこから、MARCHG（明治大学、青山学院大学、立教大学、中央大学、法政大学、学習院大学）といった人気大学には女子サッカー部がない、という実態が浮き彫りになります。つまり経営資源として女子サッカー部を強化する必要のない大学には、そもそも新しく女子サッカーを創設する必要は生じないのです。その結果、大学進学後にサッカーから離れざるを得ない高校女子サッカーの生徒たちが少なくないという実情など、次々と分かってきました。

では、彼女たちにサッカーを続けてもらうにはどうしたらいいか。NCAA型の「文武両道型」タイプの大学の増加、なでしこリーグと大学サッカーの交流、女子サッカーにおける逆台形モデルの構築。これらの施策によって普及の流れをスムーズにし、ここにサッカー女子日本代表＝なでしこジャパンの活躍が加われば、普及の勢いは加速するはず、と考察するに至りました。

十文字スポーツクラブの挑戦

苦しみながら、仲間に支えられながら論文を書ききった時に訪れたのは、これまで自分がやってきたことと、学んだこと、そして自分が言いたいことが、実は全て繋がっていたのだという気付きです。平田先生と出会ったことで、それまでの思考が平面的なものであったとすると、三次元的、四次元的に開かれたと思います。と同時に、それまで自分の中でバラバラに存在していた経験が繋がっていく感覚がありました。

論文は内容ももちろん大事ですが、私にとっては一つの事をやりきった経験の方が大きかったかもしれません。というのも、先に述べた通り、ゼミを修了してから、信じてやりきることの効果を痛感することになったからです。

ゼミに通っていた時から、私はメモを書き残しています。それを見返すと、現在の活動の原型となる十文字フットボールクラブのピラミッド構造の図が書きなぐられています。他にも、

２０２０年までのロードマップや、「総合型」といったキーワードも出てきます。

修士論文を書き終え平田ゼミを修了し、十文字学園に戻って数年後、大学の准教授になった頃だったでしょうか。それまで頭の中に漠然と存在し、メモに残していた断片的なピースが急にパチパチパチパチと、パズルが埋まるようにハマりだしたのです。

そして、まとまってきた思考図を一気にパワーポイントに落とし込んで、学内でプレゼンテーションしたのが「一般社団法人十文字スポーツクラブ」でした。

２０１７年1月8日。第25回全日本高等学校女子サッカー選手権大会において、私が監督を務める十文字高校は初優勝しました。１９９６年に同好会を立ち上げるところから始め、実に21年目にして初の日本一です。

優勝した後、自分に問い掛けてみると、かつて予感していた燃え尽き感は全くありませんでした。むしろ今は、やるべきことがたくさんあり、忙しくも楽しく、充実した毎日を過ごしています。なぜかというと、２００８年以後に新たな取り組みを始めていたからです。

２０１２年5月に、総合スポーツクラブ「一般社団法人十文字スポーツクラブ」を東京・巣鴨大塚エリアと埼玉・新座エリアを拠点に創設しました。そのシンボルスポーツとして女子サッカーを位置付け、「十文字ＦＣ」というクラブチームを立ち上げました。

十文字ＦＣは、「ＦＣ十文字ＶＥＮＴＵＳ」をトップチームに「十文字学園女子大学」「十文字高等学校」「十文字中学校」「ＦＣ十文字ＶＥＮＴＵＳ　Ｕ-15」という5チームをピラミッド型に配したクラブ組織となっています。

イメージとしては、Ｊリーグのクラブと同じです。例えば、浦和レッズというクラブは、トップチーム、ユースチーム、ジュニアユースチームとカテゴリで区切られたチームによって構成されています。十文字ＦＣは、各カテゴリを年代別でなく「大学」「高校」「中学」など学制で区切っているわけです。トップチームのベントスは２０１６年に参入戦を勝ち抜いて２０１７年シーズンよりなでしこリーグ３部にあたる「なでしこチャレンジリーグ」に所属し、あと一歩で２部昇格までの実力を付けています。

定義としては「学園型総合スポーツクラブ」。もともと幼稚園から大学まである十文字学園の中で、女子サッカーの育成から強化・普及に至るまで全てを行い、それを他種目に広げていく構想を持っていました。今は構想実現に向け、第一歩を踏み出したところです。

クラブ申請を行ったことで、これまでにはなかった新たな試みができるようになりました。大きいのは大学や高校の選手がトップチームの選手として、なでしこ３部リーグを経験できるということです。これは男子サッカーにはない、女子サッカーならではのシステムです。

現在のクラブ形態であれば、十文字学園大学の選手は無制限でトップチームのベントスに加わることが許されています。十文字高校の選手も５名までならベントスに加わることができる。３部とはいえ、なでしこリーグでプレー経験を積むのは、現役の高校生にとっては貴重な強化の機会となりますので、大きく見れば日本女子サッカーの強化策にもなっているはずです。

同様の試みは、２０１７年シーズンなでしこリーグ２部の日体大フィールズ横浜や、吉備国際大学シャルムといったチームにも見られます。普段は社会人と大学生を混合したクラブチームとしてリーグ戦を戦い、インターカレッジなど大学の大会へは、クラブチームから大学生のみを選抜して「日本体育大」「吉備国際大」として臨む。大学を母体にした「学園型クラブチーム」ならではの取り組みです。ただ、キンダーやジュニアのアカデミーから、中学チーム、高校と大学チーム、そして地域クラブまでそろう十文字FCほど体系化された「学園型総合スポーツクラブ」の形は世界にも例がありません。そういう意味では、オリジナルのクラブ形態ということができます。

「学園型総合スポーツクラブ」である十文字FCには、もう一つの役割、使命を持たせています。

現在、なでしこリーグには1部からチャレンジリーグまでで約30のクラブがあります。1チーム平均30人の選手が所属するとして、なでしこリーガーは約900人いることになります。これがJリーグですと、多くの選手がプロとして契約しています。ですが、なでしこリーグは逆に大半がセミプロ、もしくは学生かアルバイトです。現役時代の生活も楽なものでない上に、引退後はさらに厳しい未来が待ち受けています。なでしこリーガーのセカンドキャリア問題は、非常に深刻なものになっているのです。

その現状に一石を投じる意味合いも、十文字FCには含まれています。十文字学園女子大学には現在、幼児教育学科、児童教育学科、人間福祉学科、食物栄養学科など9つの学科があり、各学科で学ぶことで、学生たちは幼稚園教諭や管理栄養士、介護福祉士など、いろんな職業へ巣立っていっています。十文字ＦＣでプレーする選手たちは引退後、この十文字学園女子大学に社会人入学することでセカンドキャリアのために学ぶことができます。また、現役時代から引退後を見据え、十文字学園女子大学に入学して学びながらトップチームでプレーするといったこともできます。

このように、学園とリンクすることで積年の課題であったなでしこリーガーのセカンドキャリア問題を解決する一助となることができます。女子サッカーを通じて入学者が増えれば、学校経営にもプラスをもたらすことができます。このＷｉｎ－Ｗｉｎの関係が実現すれば――十文字ＦＣの成功例は女子サッカー界や地域活性化の観点でも注目されることになるでしょう。

学校法人と社団法人を連携させたビジネスモデル

十文字ＦＣにはさらにもう一つ、大きなポイントがあります。運営を「十文字スポーツクラブ」という一般社団法人が行っている、ということです。

部活チームの母体は学校法人ですが、ベントスとベントスジュニアユースは地域クラブとして社団法人を立ち上げました。同じ十文字ＦＣの中でも、学校法人と公益性のある社団法人が連携する形になっているのが特徴です。

社団法人で活動すれば、サッカー教室などスポーツ活動は税制上、非課税になります。このメリットを最大限に活かし、地域活性化をもたらすことが可能です。現在、十文字学園とゆかりの深い豊島区、練馬区、清瀬市、和光市、東久留米市（以上、東京都）、新座市、朝霞市、志木市（以上、埼玉県）と組んでの地域活性化プロジェクトを展開模索中です。清瀬市とはベントスを旗印に町おこしをする点で合意し、内閣府から地方創生予算がおりることになりました。

さらに、トップチームにはスポーツ振興くじ「ｔｏｔｏ」の助成金が拠出される場合がありますが、これらの資金で、クラブマネージャーを雇ったり、地域イベントを開催したりすることができます。他にも、どのクラブでもやっているように、公益性のある法人ですからスポンサードしてくれる応援企業を募ることもできます。企業さんや町の商工会議所からスポンサー資金を集めるなど、学校法人ではできないビジネスの形が生まれます。学園から資金を出してもらわずとも、クラブとして十分に運営を回していくことができるのです。

学校法人はハード面で貢献してくれます。女子サッカーはなでしこジャパンの活躍により一時ブームとなりましたが、期待されていたほど普及が進んでいない現状があります。

その大きな原因の一つが、プレー環境の不足。女子でサッカーに興味を示す子どもが増え、指導者が数字上では増えています。しかし、自治体に申し込んで抽選で公共のグラウンドを使用したり、小さい土のグラウンドを確保したり、場合によっては体育館でトレーニングしたり……どのチームも練習場の確保が最大のネックとなっています。その点、十文字ＦＣは十文字学園にある自前の施設を使用することができます。

ゼロからクラブを立ち上げて十文字学園クラスの施設を作ろうとすれば、莫大な費用がかかります。そのコストをかけずに使用できるというのは、ビジネス的に見ても、何物にも代え難いメリットでしょう。学園側としては施設をクラブに開放し、チーム強化に貢献することで、ブランドイメージを向上させることができます。加えて地域のサッカー教室は、子どもたちに対する学園の幼稚園や小学校、中学校のＰＲにもなります。

このように「学校を拠点としたクラブ化」という発想は、互いの利点を掛け合わせることで、平田ゼミで言うトリプルミッションモデル＝「勝利、普及、資金」にコミットすることができるのです。

かつては十文字高校を日本一にすることが私にとっての大きなビジョンでしたが、今は女子サッカーを通じて「女性が輝く社会の実現」という、より壮大なビジョンにとって代わっています。そのための学園型総合スポーツクラブなのですが、世間に広まるほどに反響も大きくなってきています。サッカー協会の方やスポーツ新聞といったメディア、バレーボールといった他競技の方からも問い合わせをいただくようになりました。

また、個人的な関係もありつつ、この新たな取り組みに共感いただいたのが佐々木則夫さんです。２０１１年の女子ワールドカップで、なでしこジャパンを世界一へ導き、ＦＩＦＡ優秀監督賞も獲得したほどの方が、２０１６年４月に十文字学園女子大学の副学長に就任されたのは、学園型総合スポーツクラブが掲げる理念やビジョンに共感いただけたからだと思っています。

ここまで説明してきた「一般社団法人十文字スポーツクラブ」「十文字ＦＣ」の組織構造で

すが、例えば学校法人と社団法人の連携は、文部科学省が推奨している「スポーツ立国戦略」がエビデンスになっています。その内容を女子サッカーに当てはめただけなのですが、このアイディアに気付かされたのは、平田ゼミの仲間たちとの交流からです。

他にも社団法人の税制やｔｏｔｏの助成金……それまでは何も知らなかった要素が自分の頭の中に点として打ち込まれていったのも平田ゼミでの学びからでした。頭を高速回転させる習慣付け、そして仲間からもたらされる化学反応、それにサッカー外の分野の深掘り。私の人生に平田ゼミでの学びが掛け合わさったからこそ、今があるのだと思います。

女子サッカー普及への貢献を目指す「十文字モデル」

２０１１年のドイツワールドカップでなでしこジャパンが優勝した時、日本には女子サッカーブームが訪れました。その後も２０１２年のロンドンオリンピック銀メダル、そして２０１５年の女子ワールドカップでは再びファイナリストとなり準優勝。２０１６年のリオデジャネイロオリンピックには出場できませんでしたが、Ｕ－20やＵ－17といったアンダーカテゴリは世界でも結果を残しています。

国際競争力は保っている。育成もなされている。でも、現在の日本の女子サッカーを突き詰めてみると、普及面にまだ問題が残されているように見受けられます。

なぜ、期待されているほど普及が進んでいないかというと、やはりハード、ソフトともに環境が整っていないことが考えられます。いかに、サッカーをプレーしたい女の子たちに場所と機会を提供し続けられるか。そういう意味では、学園型総合スポーツクラブが普及に一役買えるかもしれません。

学校組織は日本中にあります。一方で少子化により、学校の便利な施設が使われずに余ってしまっているとしたら、こんなにもったいないことはありません。

そこで、学生を確保したい学校法人や地域を活性化させたい行政に我々のノウハウを提供すれば、女子サッカーの普及に役立つと共に、学校経営の安定と地方創生も同時に貢献できるかもしれません。

アメリカではNCAAがカレッジスポーツをまとめていますし、ヨーロッパにはクラブ文化が根付いています。お隣の韓国はエリート教育に特化している。実は、「学校を拠点としたクラブ化」という発想は、世界を眺めても非常に珍しいものであることに気付かされます。

であれば、日本の女子サッカー発の学園型総合スポーツクラブシステムを「十文字モデル」と名付け、広げることで新たな普及施策になり得るのではないか。ひいては強化策にも市場開拓にもなり得るのではないか。今はそのようなことも考えています。

女子サッカーを突き詰めるために、そして女性が輝く社会の実現に寄与するために――「ネクストワン」は常にあります。新しいことに取り組めば相応の苦労もしますし、反対にも遭います。ですが、新しい景色を見てみたい。そんな好奇心が、全てに勝っています。

指導哲学に学問を掛け合わせて

もし平田先生との出会いがなければ、自分は一体育教師として、十文字高校が日本一になった時点で完結していたと思います。でも、出会ったことで思考を新たな次元に進めることができました。今ではやるべきこと、やりたいことが次から次へと浮かんできます。

思考が新たな領域に入ると、それまでとはまた違った風景が見えてきます。今思えば、かつての自分は、手塩にかけて作り上げてきた十文字高校のサッカーを、自分だけで動かそうとしていたのかもしれません。一人ではできないことまで抱え込み、手柄を独り占めにしようとしていたのです。

それが、全国大会で3位の壁を越えられなかった理由だった気がします。その後、十文字FCを立ち上げ、適材適所に人材を配置し、仲間と夢を共有し、信頼するようになってから、チームの姿も変わってきました。その結果が——副次的な効果かもしれませんが——日本一に結び付いたように思えてなりません。

今は、自分の手に負えない範囲のことは、信頼する仲間に任せるようになりました。思い返せば、勝つより負けることの方が多かったですし、いい思いより辛い思いをしてきたことの方が多かった。平田ゼミでも怒られた思い出の方が圧倒的に多い。でも、そういう経験をするたびに、支えてくれる周囲の方々、そしてゼミの仲間のありがたさを痛感してきました。この年齢になって、その感謝の気持ちから見えてきた部分があります。

２０１７年度より、私の肩書は大学の健康栄養学科の准教授から、新設されたカレッジスポーツセンターの准教授に変わりました。高校には非常勤講師という形で関わっています。十文字ＦＣでは総監督という立場で、トップから大学、高校、中学、ジュニアユースのクラブの５チームを見てきました。ただ、社団法人理事としての活動もありますので、２０１７年時点では、スタッフを適材適所に配置して、総監督より高校サッカー部に多くの力を注いでいます。

任せられることは信頼できる仲間に託す一方、これまで自分が歩んで積み上げてきたことも無駄ではないはずです。クラブという大枠の中の部活となりましたが、常に「人間」が主役であることに変わりはありません。その点で、私が部活で説き続けてきた人間教育の理念を軸ぶれさせたりする必要はないと考えています。

私はよく部員たちへ、「いいサッカー選手である前に、いいサッカー部員となれ」という言葉を投げかけます。サッカーのテクニック、システム、戦術うんぬんの前に、高校生として、礼儀正しさや規則正しい生活リズムから、勉学、感謝に至るまで、何事にも一生懸命に臨むことがベースとしてあるということです。

クラスの中で認められ、学校の中で認められ、地域でも認められるような存在にならなければ、サッカーの上達は見込めません。綺麗事ではなく、サッカーのベースは人間力にあるからです。

そのことを証明してくれたのが、初優勝した十文字高校のメンバーたちです。地域活性化のために地元の方々と交流していた時に聞いたのですが、一般の歩行者を気遣いながらいつも２

列に並んで歩いている姿に感動した、と。先の全国大会期間中には、足を悪くされている方から、荷物を持ってもらった部員に対する感謝の手紙も届きました。

指導者の目が怖くてルールを守るのではなく、彼女たちは、その行動の意味を理解した上で、実践することで評価を受けていました。

地元の方々の反応には正直、日本一になった喜びとまた違った嬉しさがありました。実は、地域の方々はとてもよく生徒たちのことを見てくれています。毎日朝練に向かう姿や、挨拶の声や、歩き方などなど。その姿に共感いただければ応援してもらえる。その気運が結果に結び付くのではないでしょうか。これは、これから行おうとしている十文字ＦＣの地域活性化プロジェクトにも通底する、とても重要な考え方だと思うのです。

石山隆之氏の心の鍵が開いた瞬間

石山さんは教育者です。サッカー部の監督を続けていながらサッカー部以外の生徒にも丁寧に接し、卒業後の活躍を心から願っていました。一方で、教育者でかつ体育の教員であるがゆえに、研究や論文からは遠い性格でした。自分の中で研究や論文がどういうものか、という先入観を持っていて、自分の一番知りたいことではなく、評価を気にして「これでよかれ」と思われるテーマを選んでいました。質問に対しても、とりあえず早く答えようと中途半端な答えを発していました。まず必要になるのは、スピードよりも本質に近づくことです。さらに、文章でも答えられるようなキーワードを導き出すことが求められます。石山さんは抜群の体力を持ち、自分に対する規律もある。そして、対象に１００％向かっていく姿勢の持ち主です。ですが、努力を注ぐ対象が本質からズレてしまう。本来は自分が突き詰めたいことを徹底的に研究すべきところを、周囲の顔色をうかがってしまう。その点に気付いてもらうために、石山さんが持っている先入観をいかに払拭し、本当に知りたいことに向き合わせるか。それが私にとっての試練でした。

石山さんとの会話は教室でも飲み会でも続きました。そして秋から冬に向かう時期には、別人の新しい石山さんとなっていました。本人も語っている通り、私だけでなく仲間の助けを受けながら自分の先入観を払拭できた。その瞬間がブレイクスルーだったと思います。それからの石山さんは、順調に論文作成へ向かっていき、以前の自分を懐かしむようにすらなりました。

２０１７年1月、十文字高校女子サッカー部が念願の全国優勝を達成しました。1月13日の11期生修士論文提出祝いを急遽、石山監督の祝勝会も兼ねることとし、当日に招集したところ、水泳の平井コーチも駆けつけてくれました。私も日本サッカー協会時代になでしこジャパン創設など女子サッカーには携わっていましたので、至福の時間でした。

高校女子サッカーで日本一になったことで一流の実績を得た石山監督には、ここから超一流に上り詰めることで、日本女子サッカーの発展に大きく貢献してほしいと期待します。

株式会社ＬＥＯＣ代表取締役会長＆横浜フリエスポーツクラブ代表取締役会長兼ＣＥＯ

小野寺裕司

Hiroshi Onodera

profile
おのでら・ひろし／1966年3月9日生まれ。北海道出身。1986年、株式会社メディカルサポート（現：株式会社LEOC）入社。2001年、株式会社メディカルサポート代表取締役社長に就任。2005年、株式会社フィートエンターテイメント設立。2006年よりJリーグ横浜FCを運営する横浜フリエスポーツクラブの代表取締役会長に。2011年、株式会社LEOC代表取締役会長に就任。2013年より銀座、ハワイ、パリ、上海、ニューヨーク、ロサンゼルスなどに鮨や鉄板焼、てんぷら「銀座おのでら」を展開。現在もLEOC代表を務めつつ、株式会社横浜フリエスポーツクラブ代表取締役会長兼CEOを兼務。現在Fリーグに所属するエスポラーダ北海道の設立者でもある。
平田ゼミ第1期生。研究テーマは「トリプルミッションモデルに基づく横浜FC経営試行の成果に関する研究」。

横浜FCのクラブ経営参画へ

サッカークラブの経営に関心を抱いた事の発端は、私が代表を務めている株式会社ＬＥＯＣという会社のブランディングでした。食に関する仕事が中心のＬＥＯＣに「スポーツのＬＥＯＣ」という企業イメージを植え付けたかったのです。

食とスポーツ・運動には密接な関係があります。そこで、最初は日本テレビの食堂を運営していた縁などから、読売グループと関係の深い東京ヴェルディ１９６９の胸スポンサーになりました。ところが、契約からわずか1年で契約を解消されます。他に、もっと条件のいいスポンサーが現れたからです。

会社としては企業イメージを定着させる方針を定めたのに、わずか1年で頓挫してしまった。企業イメージは1年や2年では定着しません。それで、この時の反省を踏まえて長期的視野に立ち、単なるスポンサーでなく経営に参画することにしたのです。そして平田竹男先生に、最初は別のクラブの経営権を取得する相談に行きました。ところが、平田先生がダメだというので驚きました。成功した時のアップサイドイメージを持てと言うのです。横浜ＦＣ（横浜フリエスポーツクラブ）なら三ツ沢球技場がある。観戦しやすいサッカー専用スタジアムだし、人気が出て成功したら、横浜であれば7万人を満員にすることもできる。私の相談したクラブはスタジアムすら満足にありませんでした。私が「なるほどですね」と言って感心していると、横浜ＦＣ会長の奥寺康彦さんを紹介してくれました。２００５年6月、ＬＥＯＣの関連会社に当たる株式会社フィートエンターテイメントがJ2・横浜FCの株式を50％取得し、クラブ経営に参画するようになりました。

株式の50％に出資したわけですから、経営難だったクラブの救世主的な扱いで歓迎されると思っていたのですが、実際は逆でした。当時の私は30代。待っていたのは、サッカーも知らないお金だけ持っている若造に任せて大丈夫なのか、という懐疑的な反応でした。

横浜FCというクラブの成り立ちは、1998年に横浜マリノスへ吸収合併された横浜フリューゲルスのサポーターたちの願いによって立ち上げられた市民クラブ。「株式の半数を持つ時はサポーターの承認を得る」というリーグの条件があったので、会長や副会長と共にサポーターと話し合い、懸命に説明しました。そして、何とか承認を得るには至ったものの、私は最初からサッカー界の外からやってきた外様と見られていたのです。

クラブの株式も、予定では50％よりもっと多く保有する予定でした。なぜかというと、自分に逃げ場を与えないためです。みなさんに自分の本気度を信じてもらいたかったからこその計画だったのですが、待っていたのは拒否反応でした。逆に「なぜ、そんなに多くの株式を持つ必要があるのか」といぶかしがられたので、最終的に50％ジャストの株式取得に収まったわけです。

当初は、クラブの認知度を上げることに貢献したくてメディアに出ることを意識したこともありました。しかし、意図しない形で報道されたことで、リーグ側からお叱りを受けたこともありました。

形として私がクラブのオーナーになりましたが、横浜FCはあくまで地域クラブでありサポーターのもの。そういう見識を突き付けられ、自分は表に出ることを極力避けるようにしました。

私が経営に参画するようになった当時の横浜FCは、クラブ創設から7年目。まだJ1に一度も昇格したことがなく、全国的な認知度は低いものでした。そんなクラブの経営を安定させ、さらにJ1へ昇格できるようにクラブの規模を拡大するにはどうしたらいいか。それが経営課題でした。

サッカークラブの運営には、どうしても、ある程度の資金が必要になります。主な収入源はチケット収入になりますが、J2だと多くは見込めません。となると、即効性をもたらすのは、やはり「スポンサー獲得」になります。

J2のクラブで、いかにスポンサーを獲得するか。最も説得力を持つのは「露出の増加」です。自分の会社や名前がテレビ映像で流れ、新聞写真に載ることで、費用対効果が測られます。つまり、露出が増えれば増えるほど費用対効果は高まる。では、露出を増やすにはどうしたらよいか。当初は私自身が表に出ようとしましたが失敗に終わった。そこで他の方法を、と考えた時に思い付いたのが「スター選手を連れて来る」ということでした。

日本を代表するスター選手に来てもらえれば、注目度はJ1レベルになります。当然、他のJ2クラブよりも多くのスポンサー収入が期待できる。そうすれば資金力でチーム力をアップし、J1昇格を狙えるレベルまで引き上げられる。

このプラスサイクルを想定して、横浜FCは私が経営に参画した翌月に三浦知良（カズ）選手を獲得しました。カズ選手は私なりに考えるクラブ経営の切り札だったのです。

そして、それ以後も元日本代表の山口素弘選手や小村徳男選手など、チーム戦力としても大きなプラスをもたらしてくれて、かつネームバリューの高い選手を獲得していったのです。

この新たな選手獲得方針は、想定通りの効果をもたらしてくれました。ですが一方で、大きな代償を払うことにもなります。

最も辛かったのは、経営参画2年目の2006年シーズン開幕後でした。足達勇輔監督2年目のシーズンだったのですが、開幕戦の愛媛FC戦で負けた直後に解任を決断しました。

足達さんはJAPANサッカーカレッジの元監督で、育成に定評のある方でした。それまでの横浜FCは資金力が弱く、若手選手を自分たちで育て上げることで強化を図っていたので監督に呼ばれたのです。ですが、私が経営に加わってから日本を代表するレジェンド選手たちを集める方針になった。それまでとは真逆のチーム方針になったことで、チーム内のバランスが崩れてしまいました。

シーズン前の練習試合からチームの調子の悪さは目に見えていたので、手を打つなら早い方が、さらに言えば荒療治である方が効果的であると判断し、申し訳ないですが監督にシーズン開幕後1試合目で辞めてもらったのです。

今でもその時の判断は間違っていなかったと思いますが、新シーズン開幕で夢と希望に胸を膨らませていたサポーターからすれば寝耳に水の話。当然、「誰がこんなひどい決断を下したんだ」という話になります。

当事者は私でしたので、大きな反発を受けました。練習場に行ったら、ものすごい量のマスコミに囲まれたりもしたものです。

クラブをトリプルミッションモデルに当てはめる

経営参画2年目の２００６シーズンは開幕から好調、そのタイミングで早稲田大学大学院スポーツ科学研究科の平田竹男研究室社会人修士課程1年制コースに入学しました。

前述したように、横浜ＦＣ会長の奥寺さんを私に紹介してくださったのが、当時日本サッカー協会専務理事を務めていた平田先生でした。２００４年に奥寺さんをご紹介いただいて、２００５年に横浜ＦＣの株式を取得。その流れで２００６年を迎えていました。

サッカークラブ経営に関わり出したばかりで苦労の連続だった頃でしたし、先生にお誘いいただいたこともあり、苦境を脱するきっかけを探すように第1期生として入学することになりました。私は学歴としては中卒です。平田先生は私のその後の活動まで見据えて、将来の活動に学歴がマイナスにならないようにお声がけしてくださったのではないかと、今でも思っています。

平田先生とは、ゼミに入学する以前からの長い付き合いがあった私だから感じたのかもしれませんが、学ぶことを通じて、先生を含む同期の仲間全員が、その後も互いを支え合う関係を構築できたことが大きかったです。

先生は正直にものをおっしゃられる分、厳しさも感じます。一方で、ある課題があった場合、それをどう整理して解決に導くかという、道筋を見出す能力がずば抜けていました。私たち学生が直接課題に対する話をしていなくても、会話の中から悩みや迷いを抽出して、短く的確なアドバイスをくださいました。それは、私以外の学生もみな感じていたことだと思います。

学生は個々で決めたテーマに取り組むわけですが、そのテーマは1年で解決しないものばかりです。それでも研究を続けながら壁にぶつかり、悩み、もがき、論文にまとめきる。そこから得られる学びも当然ありますが、本当に学びが活かされるのは修了後です。

社会人修士課程1年制コースはわずか1年間で終わりますが、相対した論文のテーマはその後も残ります。そして、ゼミの間に発表し合い共有していた仲間たちが修了後も会い続け、話し続けることで、自発的にゼミの授業が続けられ研究がアップデートされていくようなイメージでしょうか。ゼミの修了生が頻繁に集まっているという話を聞くと、みな同じ効果を学び取っていることが分かります。私も修了後、住んでいたハワイに同期の仲間がやって来て話をしたりしました。それほど仲間同士の結びつきは濃密になり、最高の相談相手になってくれています。

ゼミで選んだ研究テーマは「トリプルミッションモデルに基づく横浜FC経営試行の成果に関する研究」でした。平田先生に教わる「勝利・普及・資金」のトリプルミッションモデルを、サッカー界といった大きな分野に当てはめるのではなく、一つのクラブに当てはめてみたのです。まさに、リアルタイムで自分が取り組んでいた横浜FCの経営施策を研究対象にしたものでした。

当時の私は、会社のブランディングという当初の目的ではなく、横浜FCというクラブが「文化装置として社会に何をもたらすのか」ということを真剣に考えるようになっていました。そこで行き当たったのが、まずは「トリプルミッションをいかに循環させるか」という問題意識でした。それまでJ1昇格経験がなく、同じ横浜市に横浜F・マリノスというビッグクラブが存在する中で、いかにJ1へ昇格し人気と知名度を高め、経営を安定させるか。

まずは横浜FCのクラブ史をまとめました。そこでクラブにしかない魅力、価値を洗い出しました。次に、2005年に経営に携わるようになって以来行ってきた施策を列挙し、その狙いと手法、そして結果を検証していきました。「普及」には観客動員数を、「勝利」には順位を、「資金」には収入を当てはめて評価指標とし、各施策の効果を数値化してチェックしていったのです。

研究と並行して進んでいた2006年シーズンの横浜FCは、開幕直後の監督解任というショック療法が奏功し、J2で優勝。翌シーズンはJ1に昇格することが決まりました。

そして、リサーチの結論もJ1昇格を裏付けるものでした。施策の多くは「勝利」に向かっていたこと、対して「普及」「資金」に向かっていた施策は限定的だったことが明らかになったのです。

横浜FCが作り上げてきた魅力

平田ゼミを修了してから11年。横浜FCは、その姿を大きく変えてきました。

クラブが設立された1999年の頃は、練習できるグラウンドなどなかった横浜FCですが、現在は天然芝1面と人工芝2面のグラウンドを持つクラブハウス「LEOCトレーニングセンター」を持つようになりました。

また、私が代表となっているLEOCは食堂などを運営する会社ですので、クラブハウスの食堂に朝昼晩、1日3食の食事を提供する環境を整えました。選手は一度帰宅した後も、クラブハウスに戻れば栄養管理の行き届いた食事をとることができます。選手たちの食事をクラブ側がきっちり管理できるシステムが構築できていることは、横浜FCの強みの一つと言えるでしょう。特に食事習慣を崩しやすい独身の若手選手たちにとっては、プロとしてプレーしていく上で大きなサポートとなっているはずです。

環境面に加え、クラブ組織も充実してきました。トップを皮切りにユース、ジュニアユースといったアカデミーのチームを組織し、横浜市全域にスクールを設けました。女子チーム「ニッパツ横浜FCシーガルズ」は、2016年シーズンよりなでしこリーグ2部に所属しています。

特徴的なのは、トップからスクールに至るまでのコーチ、スタッフの数多くが横浜FCのOBで構成されていることです。これは、選手たちのセカンドキャリア問題対策としてクラブが打ち出している方針です。横浜FCに在籍したことのある選手のうち、希望者には引退後、クラブに戻ってきてもらうのです。そこでスクールやジュニアユースから指導経験を積んでもらい、ライセンスを獲得できるようにサポートしていきます。最終的には育成からトップまで、横浜FCのOBで行えるようになることが理想です。

横浜FCの株式50%を取得したフィートトエンターテイメントは、もともと選手たちのセカンドキャリアに役立ちたくて作り上げた会社です。現在はサッカースクールの運営他、チーム強化・指導業務などを請け負い、そこでもOBに活躍してもらっています。

そしてフットサルリーグ・Fリーグのエスポラーダ北海道の経営にも参画しています。私が北海道出身であることの縁も大きいですが、サッカーと親和性のあるフットサルにも携わることで、将来的に横浜FCとエスポラーダ北海道が関連性を持つ可能性もあるかもしれません。

「キング」がいる横浜FC

J2に所属する横浜FCの2017年シーズンは、大きな話題とともに開幕しました。所属するカズ選手が、史上初の50代Jリーガーとしてプレーすることになっていたからです。くしくもシーズンが開幕する2月26日はカズ選手の50歳の誕生日。このメモリアルな一戦のチケットは完売で当日券はなし。ホームスタジアムのニッパツ三ツ沢球技場には1万3244人が詰めかけ、クラブ史上最高となる観客数をマークしました。取材陣は206

人。スポンサーなどクラブ関係者は326人。さらに、川淵三郎JFA最高顧問や村井満Jリーグチェアマンなど、Jリーグの重鎮と呼ばれる方々がスタジアムに集まってきました。

その後、カズ選手は3月12日の第3節、ザスパクサツ群馬戦でゴールを記録。50歳14日でのゴールは世界最年長ゴールとしてギネスに認定され、世界的な話題となりました。

カズ選手は言わずと知れた日本サッカー界のスター。レジェンドです。2005年より横浜FCに移籍し、以来2018年シーズンに至るまで、一貫してプレーを続けています。カリスマ的な人気を誇り実績も十分ですが、ずっと接してきている私の印象は「優しい人」。テレビや写真などで見ている方にも分かっていただけると思いますが、カズ選手の人懐っこい笑顔は決して作っているわけではなく、人間性をそのまま表しています。

そして、本人に自覚はないかもしれませんが、サッカーのためなら全てのことを犠牲にできる強靭な精神の持ち主です。シーズン中は夜遊びなど一切せず、早い時刻からベッドに入って睡眠時間を十分に確保。しっかりと身体を休め、朝早く起床したら食事をきっちりとって練習へ全力で打ち込む。決して公言しませんが、身体は常に痛みを伴っているそうです。時には原因不明の痛みにも苛まれるとか。ですから、身体のケアは徹底しています。本当に1日24時間、サッカー漬け。それを365日続けているのですから感服しますが、本人はそんな生活をむしろ楽しんでいるようです。

純粋にサッカーが好きで、ピッチでプレーできる喜びが溢れ出ていているのがサポーターにも伝わる。だからみなさんカズ選手を尊敬するし、大好きなのだと思います。

カズ選手が横浜ＦＣで長い間過ごしてくれた影響は大きく、スポンサー収入はＪ２全クラブの中で最も多くなっています。今は、カズ選手が現役を続けるほど報道価値は高まっています。個人としてＣＭにも数多く出演されていますから、ブランド力も高まっています。

スポンサー収入の総額はシーズンごとに増加の傾向にあり、一度スポンサーになっていただくと、その後継続してくださるというのが特徴です。

小口スポンサーも多いですし私の会社も出資していますが、１０００万円以上で契約していただいているところも10社以上あり、中には億に近い契約のスポンサーさんもいらっしゃいます。今や、Ｊ２のみならずＪリーグ全体でも屈指の存在価値を放つクラブに、横浜ＦＣは成長したと言えます。

11年前に平田ゼミで研究した横浜ＦＣは「普及」「資金」に対する施策が不足していましたが、現在は横浜市全域にスクールを設けるなどして「普及」に、カズ選手の存在に加え、２０１１年シーズンより導入したカテゴリ制チケット販売などで「資金」に訴求できる施策が打てるようになりました。

11年経って導き出された「ファミリー」という答え

最初は「スポーツのＬＥＯＣ」という企業イメージを浸透させるために乗り出したサッカークラブの経営ですが、現在はサッカークラブの経営に企業理念が反映されるようになってきました。

ＬＥＯＣの経営理念は３つあります。「お客様に喜びと感動を」「従業員に成長と幸福を」「社会に貢献を」。これは横浜ＦＣの経営理念にも通じていることです。サポーターに喜びと感動をもたらし、横浜ＦＣの選手は引退後のセカンドキャリアまでケアする。そして地域と密着して社会貢献を果たす。

強く意識しているのは「人をいかに幸せにするか」ということです。

チームを強くしたりクラブを大きくしたりするためには、非情な決断を下さなければならない場面もあります。選手に戦力外通告することは避けては通れません。その際、経営側の私は現場に直接タッチはしませんが、通告を受けた選手に後で会うこともあります。志半ばにしてチームを去ることになったものの、現役を引退したらクラブに戻ってきてくれないか、と声をかけるためです。つまり、彼らのセカンドキャリアに対して約束をするわけです。そして、その約束を果たすためにもクラブを存続させ続けないといけません。

「人をいかに幸せにするか」とは「その人がいる場所を用意する」ということだと考えています。つまり「ファミリー」になる。それが私の経営哲学です。

「ファミリー」という経営哲学を持つに至ったのには、一つのターニングポイントがありました。

ＬＥＯＣは株式会社小野寺事務所が１００％を出資する会社ですが、もともとは三菱商事のグループ会社でした。当時はＬＥＯＣの株式を三菱商事が20％、私が20％、そしてフランス系の外資企業が10％で分け合っていました。

ところが、三菱商事が株式を売却するという話になり、私か外資企業が買うという話になりました。その時、私は銀行から約１００億円を融資してもらって筆頭株主になりました。

そしてやったことが、マネジメント・バイアウト（ＭＢＯ）による会社の非上場化。自分のやりたい経営ができる自由を得るためでしたが、代わりに、都合した１００億円を株式市場に頼らず、自力で返済しなければならない大きなリスクを背負ったのです。

もし業績が悪くなれば経営は破綻します。でも、倒産することはありませんでした。なぜなら、役員をはじめ、従業員の努力によって業績を向上させてくれたからです。

この出来事が私のターニングポイントになりました。自分の決断で生まれたリスクを、共に背負い、解消してくれた仕事仲間＝同志に対して、純粋に感謝の念が湧き起こってきたのです。そして、今度は自分が何かしら仲間たちに還元していきたい。そう考えるようになりました。

例として、１万６０００人ほどの従業員には全員、誕生日にプレゼントを贈っています。食に関する仕事である以上、お正月も仕事をしてもらうことになる従業員がいますので、元旦を家族で過ごせなくしてしまった従業員の子供や、母子家庭、父子家庭の従業員の子供、そして70歳以上になっても働いて下さっている従業員には、毎年お年玉を贈らせてもらっています。さらに毎年11月23日の勤労感謝の日には、全員にお菓子を渡すようにしています。

これらは私から従業員に対する恩返しの気持ちの表れです。ほんのささいな感謝のお裾分けなのですが、子供たちや社員からお礼のお手紙が届きます。うぬぼれかもしれませんが、もし私の行動によって従業員が会社のことを信用してくれているのだとしたら——我々はファミリーのような強い絆で結ばれていることになります。今も業績が好調の理由は、そこにあるのかもしれません。

2017年の4月からは、定年の年齢を80歳に引き上げました。これまでは「人生80年で定年は60歳」という認識が一般的でしたが、私の場合、今は「人生100年」と思っていますので、定年を80歳にしてもいいのではないかと考えました。80歳より前にリタイアしたい人はもちろん、してもらって構いません。でも、もし定年後に自分の居所を失っている人がいるのなら、会社に居続けられる環境を作りたかったのです。

働けるということは健康だということ。もし行く場所を見失い健康を損ね、病院や介護の世話になってしまうぐらいならば、働ける場所があるということはある意味幸せなことだと思ったのです。

再就職するわけではありませんから、収入も保障されます。長く働くことに対して反対の意見もあるかもしれませんが、社内の評判は上々です。

さらに、もし高齢まで働いてくれた従業員が、その先身寄りがなくなってしまうような事態になったら——。そんな万が一の時のために、彼らを受け入れられる老人ホームをゆくゆくは作りたいという構想もあります。社員のことを考えることは、会社を存続させ大きくしていこうというモチベーションにもなります。

横浜FCに対しても同じことが言えます。ここまでずっと運営が順調だったわけではありません。外部からは撤退するような圧力がかけられたこともあります。でも踏ん張ってこられたのは、クラブの経営に携わることになった時、クラブの株式を半分保有することに対して、サポーターのみなさんが認めてくださったことに対するご恩。そして、志半ばにしてチームを去った選手と結んだ、将来の約束に応えるためです。

「絶対、私が保障する」

といった言葉に責任を持ちたいですし、信用してくれたみなさんを裏切りたくない。綺麗事ではなく、ファミリーであれば当然通すべき筋を通しているだけです。

私には日本全国民を幸せにする力はありません。でも、せめて自分が携わっている会社とクラブに関わる人たちには幸せなってもらいたい。

経営とは結局、人々に対する感謝以外の何物でもありません。

私が平田先生のゼミで研究テーマを決める際のベースになった「横浜FCというクラブが文化装置として社会に何をもたらすのか」という問いの答えは、11年たった今、これまでの人生経験も加味され「ファミリーになる」ということに集約されている気がします。

正直、今でも私のやり方に横浜FCサポーターの全員が納得してくれているとは思いません。ですが一方で、これまで11年をかけて徐々に理解を示してもらえるようになった感覚もあります。

そして2018年。クラブの展望は「J1昇格」です。私の第一の目標であった「クラブ経営の安定化」は既にもたらされました。チーム強化に関しても、クラブに愛着のあるスタッフによって下部組織から育成していく道筋は作られました。となると、残りはＪ１に昇格し、定着することが目標になります。

クラブは２００７年に１シーズンのみ、Ｊ１を戦った経験があります。当時はベテラン選手に頼る部分が大きかったですが、今のチームは若手選手たちが伸びてきているので、もしＪ１に上がれば前回とは全く違った戦い方を見せられるはずです。日本最高峰のステージで、若手選手たちが躍動する姿を見てみたい。それが、今の新たな目標となっています。

小野寺裕司氏の心の鍵が開いた瞬間

平田竹男研究室社会人修士課程1年制コースが早稲田大大学院にできたのは2006年度から。私が日本サッカー協会専務理事を任期満了で終えたのが2006年7月。つまり、開学当初はまだ日本サッカー協会にいました。そしてワールドカップドイツ大会が終わるまでは――論文指導は秋以降に行うとは言うものの――大学院教授としての活動もままならない状態で、心配だらけの中でゼミをスタートしていました。小野寺さんは、そんな平田ゼミの第1期生でした。

教育関係者にとって、1期生は一生忘れぬ存在です。現役の日本テレビ専務の酒井武さんに、サニーサイドアップ社長として上場準備を進めていた次原悦子さん、その後、楽天球団オーナー代行になった井上智治さん、スイス・ジュネーブのサッカークラブを買収した佐藤修さん、慶応大学テニス部監督の坂井利彰さんら、そうそうたるメンバーが集まってくれた中、小野寺さんは輝いていました。それまで勉強にはあまりご縁がなかったかもしれませんが、人間を見る目、社会を見る目は深く、その才覚は天才的でした。

とりあえず修了するのではなく、ゼミを代表する看板修了生になってほしいと思い、勉強に関して自信のない小野寺さんを加圧しました。ご自身は、大学院が自分の関心のど真ん中を研究できる場所であるとは思っていなかったらしく、「勉強のための勉強」のような身近なテーマでしか修了できないと思い込んでいる節がありました。

ところが、現役のオーナーが自分のクラブに関する研究をしてくれることが一生の宝になる。その意味を説明してからは研究がどんどん進みました。

横浜FCの引き受け、北海道でのフットサルクラブ立ち上げ、2018年1月4日には、築地市場のマグロの初セリで青森県大間産のクロマグロを3645万円で競り落とした買い主として話題になった「鮨 銀座 おのでら」に代表される鮨や鉄板焼、てんぷらのお店の世界展開など、大事なことに対し、全て私に意見を求めてくれる小野寺さん。特に思い出深いのは、私と関係の深い楽天のトップ・三木谷浩史さんが出資していたJリーグクラブのヴィッセル神戸が三浦知良選手を放出する際、獲得に動いたことです。長く付き合っている小野寺さんは、平田ゼミの1期生として勉強の本当の意味を知り、加速エンジンを積んでその後も自分にしかできない活動をし続けています。

プロラグビー選手 » 前・早稲田大学ラグビー蹴球部監督

山下大悟

Daigo Yamashita

profile
やました・だいご／1980年11月17日生まれ。東京都出身。桐蔭学園高校ではラグビー高校日本代表。早稲田大学4年時は、主将としてチームを大学選手権13年ぶりの優勝に導く。大学卒業後、トップリーグのサントリーサンゴリアスへ。2006－2007シーズンから3シーズンにわたり主将を務める。その後、NTTコミュニケーションズシャイニングアークス、日野自動車レッドドルフィンズでプレーし、2016年現役を引退。同年早稲田大学ラグビー蹴球部の監督に就任した。平田ゼミ第10期生。研究テーマは「大学ラグビーにおける選手獲得戦略」。

早稲田大学ラグビー蹴球部監督への道

２０１６年、私は早稲田大学ラグビー蹴球部（以下、早稲田大ラグビー部）の監督に就任しました。

就任したのは２０１６年ですが、監督の打診をいただいたのは、それよりも5年以上前の２０１０年あたりだった記憶があります。現役ラガーマンとしてラグビートップリーグのサントリーサンゴリアスからＮＴＴコミュニケーションズシャイニングアークスへ移籍した頃でした。その後もプレーを続けていたのですが、２０１４年に日野自動車レッドドルフィンズへ移籍した際に、「あと2年間でやめる」と決めました。ですので、引退するタイミングに対する迷いや不安といったものはありませんでした。

当時のレッドドルフィンズはトップリーグの一つ下のカテゴリである、トップイーストリーグ所属。2年間でチームをトップリーグへ昇格させるために全力を注ぎました。一方で、早稲田大学ラグビー部のリクルーティングダイレクターなどを担当することになり、監督になるための下準備に入りました。

そして現役最終年となった２０１５年のタイミングで、早稲田大学大学院スポーツ科学研究科の平田竹男研究室社会人修士課程1年制コースに、第10期生として入学することになりました。早稲田大ラグビー部の部長を務めておられる島田陽一先生は、早稲田大学副総長であり、法学学術院教授です。その島田先生に、２０１０年に監督の打診を受けた後のタイミングで平田先生を紹介していただいていました。

目白の喫茶店で面談をさせていただいたのが初対面。当時は平田先生とお話をするだけで、ゼミに入学する考えはありませんでした。しかし、監督就任の話が具体化していくにつれ、グラウンド内のことについてはもとより、早稲田のラグビーを取り巻く環境やライバルチームの分析、これから取り組んでいくべき方向性を見定めるためにも、しっかりとスポーツビジネスを学ぶべき、という結論に達しました。

私はラグビーのプロ選手としてプレーしていました。プロ野球やJリーグとは異なり、プロリーグとして組織されていない社会人ラグビーにおいて、プロ選手はマイノリティな存在です。ほとんどの選手が社員として企業に採用され、一般社員に比べ就業時間など融通をきかせてもらってはいるものの、ベースはサラリーマンです。その中で、私のようにプロ契約をしていた選手は限られているのですが、移籍交渉などの際にいろいろ思うところがありました。

私の場合は、ＩＭＧというマネジメント会社に代理人としての役割を果たしてもらっていましたが、これがプロ野球やJリーグでいう代理人と同じなのか、違うのか。代理人に交渉してもらうとして、リーグ内に何かレギュレーションがあるのか。そもそも代理人業とマネジメント業にはどんな違いがあるのか。そういったスポーツ業界に関するマネジメント面に漠然とした興味は持っていました。ですが結局、当時の私は自分がいる業界の範囲内でしか物事を考えられなかったですし、見聞を広めようにも限定的でしたので、周囲に流される形でプロとしての交渉事を任せてしまっていました。

それまでは日本のスポーツ界に対しても、自分が所属するラグビー界に対しても、漠然とした問題意識しか持っていなかった。そんな自分が平田先生のゼミに入ることになったのです。

学問にも求められた「戦う姿勢」

平田ゼミに入学した2015年、私はまだ現役を続けていたので平日の授業は夜間といえども、出席できない時も少なからずありました。その分、与えられた課題に懸命に取り組みました。

プレイヤーを続けつつ学問を身に付けることは、大変な労力を要すると思われるかもしれません。ですが自分の認識として、選手は休むことも仕事ですので、体を休めている時間を学問に充てることで、うまく両立を図れたと思います。

平田先生の印象は、徹底したビジネスパーソン。おっしゃられることは100％本質を突いていました。授業では毎回、目から鱗が落ちる発見の連続でした。しかも話がものすごく論理立っている。その論理の明瞭さにただただ「すごい」と思わされていました。

ですから、先生が他の学生と話している内容も全て勉強になりました。学生に対しては、何事に対してもきちんと突き詰められていないと容赦なく指摘します。その厳しさに戸惑う仲間もいましたが、自分はもともとそういうものだという前提で入学していた分、ショックはありませんでした。むしろ、その厳しさが生む緊張感が自分たちを正しい方向へ導いてくれたと思います。

スポーツも、強化に必要なポイントに対して、表面だけを取り繕っても、勝利には結び付きません。ゼミも同じ感覚でした。常に本質を見て、知るべきことは全て知る、張るべきアンテナは常に張る、準備すべき点は全て準備しておく。それらのファクターが全て繋がっていくから、目的を達することができる＝論文を書ききるという「勝利」に繋がる。学問にもスポーツに通ずる「戦う」姿勢が必要なのだということを思い知らされました。

その戦う姿勢で臨むと、先生の話だけではなく仲間の話からも学ばされることが少なくありませんでした。他のスポーツや専門的な役職に携わっている仲間たちと実際に交流することで、それまで漠然と知りたいと思っていた競技ごとのマネジメント面のルールの違いや現状をすぐに理解できました。

平田先生のゼミの特徴は、個々が学んだことを修了後は武器に変えて強みにしていくような指導だと思います。ですから自分の場合は、早稲田大学ラグビー部監督になってから戦っていけるテーマを選びました。

「大学ラグビーにおける選手獲得戦略」というテーマは、その時、自分がリクルーティングダイレクターを務めていたこともありますが、ラグビー部の強化を図っていく上でリクルーティングが非常に重要な位置を占めることになると考えたからです。類似例を探しても、大学ラグビー部のリクルーティングに関する論文はありませんでしたし、新しい研究対象として取り組むことにも意義を感じました。実は以前から着目していたテーマではありましたが、ゼミに入学後、実際にシンクロナイズドスイミングや大学野球の早慶戦などを直に見に行ったり、他競技の大学監督を務めるゼミ仲間たちの話を聞いたりしたことで、さらに深掘りしていきたい気持ちを高めてくれたのも事実です。

早稲田大学が所属する関東大学ラグビー対抗戦は1997年の2グループ制導入以後、早稲田大学と帝京大学、明治大学、慶応大学、そして筑波大学の5校のみに優勝経験があります。そこで、この5校に絞って入試形態から選手獲得数、戦力要因輩出率などを調べることから研究をスタートしました。

大変だったのは、各大学にデータがきちんと管理されきっていなかったことです。ばらばらに散ったデータを一つ一つ集め、手作業でエクセルに打ち込んでまとめていく。5大学の過去10年分のデータをまとめきるには骨が折れました。練習と練習の合間に少しずつ表に数字を足していく作業には、多くの時間がかかりました。ですが、論文に信憑性を与え論理展開していくには必要不可欠な作業です。データの重要性はゼミで徹底的に教えられていたので、やりきることができました。

このデータをまとめきって分析する段階に進めたことで、本質に近付けるきっかけになったと、今、改めて振り返っても感じています。そして、まとめきった論文は、自分が考えていた通り、早稲田大学ラグビー部監督になった後、大変役立つことになりました。

戦略性を持ってトップを獲得するリクルーティング

現役最終年はプレイヤーとして、そして学生として怒涛のように過ぎていった1年でした。そして現役を引退、ゼミも修了してすぐ早稲田大学ラグビー部の監督に就任することになりました。

なぜ監督経験もない自分に、現役選手の頃からオファーしていただいたのでしょうか。ラグビーの名門・早稲田大学は大学選手権で２００９年から優勝がありません。これだけの期間優勝がなかったのは、１９９０年〜２００１年の12年間に継ぐ長さです。そして早稲田大学が最後に優勝した２００２年の大学選手権、そのチームの主将が私でした。さらに、その後進んだトップリーグのサントリー時代にもキャプテンを任されました。その経験とリーダーシップを期待されてのオファーだったのではないかと思っています。

監督になって1シーズン目から、取り組んだことは多岐にわたります。

まずは、ゼミの論文にもまとめたリクルーティングです。

前述のように以前からリクルーティングダイレクターとしてチームに携わってきましたので、２０１６年度からは自分がリクルートしてきた選手が入学してきています。

選手獲得に関して、これまでのラグビー部になかったものは短期・中期・長期を見据えた戦略性です。重要なのは、確固たる目的を持ってトップ中のトップを獲得すること。これは、論文で行ったデータ分析の末に自分が出した結論でもあります。

早稲田大学は、これまでリクルートする選手のポジションに偏りがありました。まず、その偏りから是正しました。2016年度はバックスを多く獲得した一方、2017年度はフォワードにフォーカスし獲得しました。

有能な人材が多く眠る地域にも着目しました。特に九州地方はスクールなど、育成の土壌がきちんと整えられていますので、多くの人材がいます。例えば、福岡県の県立高校には、学校に文化としてラグビーが根付いている高校もある。そういった継続的に人材を輩出する可能性の高い地域とは、積極的に信頼関係を築くようにしました。また、重点地域に対しては、スカウトキャラバンを行って早稲田大学に興味を持ってもらう試みを続けています。

高校ラグビーの勢力図にも敏感になっておく必要があります。毎年冬に大阪で行われる通称「花園」＝全国高等学校ラグビーフットボール大会を見ながら、トレンドを捉えています。例えば2000年代中盤までは啓光学園（大阪）が圧倒的強さを誇っていましたが、ここ10年ほどは東福岡（福岡）、東海大仰星（大阪）や桐蔭学園（神奈川）が高校ラグビーを牽引しています。そういったチームをチェックすると共に、全国の強豪校と都道府県予選決勝で接戦をしているチームも、今後伸びてくる可能性がある高校としてマークするようにしていました。

早稲田大学には選手獲得競争で不利な点もあります。毎年春、早稲田大学では全国の高校生を対象とした「スプリングスクール」というラグビースクールを開催していますが、数多くの参加者が全国からやって来ます。参加者の中には有能な選手も少なくないのですが、スポーツ推薦枠で獲得できる人数に限りがあるため、自己推薦を勧めることになります。

ただ、自己推薦は不合格になる場合もあるので、強くは勧められません。なぜかというと、受験日程が受験シーズン後半に設定されている早稲田大学で不合格になると、その他の大学を受験できなくなり、選択肢を狭めさせてしまうことになるからです。現在の高校生は現役志向が強いですから、現役で大学進学するためにスポーツ推薦で入れる他の大学を優先したり、自己推薦も早稲田大学より結果を早く知ることができる受験日程の大学を優先したりするのです。

有能な選手を確実に獲得するためには、「早稲田ラグビー」のブランドをもう一度認知してもらうしかありません。これは世間での価値を高めると同時に、学内での発言力を高めるという意味も含んでいます。

かつて早稲田ラグビーといえば、日本ラグビーの象徴でした。特に早稲田大学と明治大学の「早明戦」は関東大学ラグビー対抗戦最終戦の名物として、年末の12月に行われる年中行事でした。さらに、両校は大学選手権決勝でも対戦することが多く、その際は1月初めに再び対戦して大いに盛り上がったものです。当時、試合会場となった国立競技場は常に満席となり、入場券の確保すら難しかったことから、早明戦のチケットは「プラチナチケット」と呼ばれていました。

ですが、今は年中行事になっていません。２０１６年12月4日にＮＨＫで中継された早明戦の視聴率は2・8％にとどまりました。当時の人気ぶりを知っている人が学内でも減ってきたために、10年前に比べてラグビー部の発言力は弱まってしまいました。当然、かつての早稲田ラグビーの人気を現役学生や高校生は知らない。以前の隆盛を誇っていた頃と比べ、浪人までして「早稲田でラグビーをしたい」と希望する子どもは、特にここ10年でかなり減ったはずです。

では、有能な選手を確実に獲れるようになるまで、現在のディスアドバンテージをどうやって補うのか。一つの突破口として、付属・系列高校の強化が挙げられます。実際、２０１６年にはＳ＆Ｃ（ストレングス＆コンディショニング）コーチを一人、早稲田実業高校に派遣しました。なぜＳ＆Ｃコーチかというと、身体作りは7〜10カ年という長期計画になるからです。プログラムに早くから取り組んでもらうことに越したことはありません。また、身体を作ることで早実の勝利に寄与し、勝利という成功体験を得られれば、大学に来てからも魅力的な戦力となってくれるはずです。

持続的な強さを得るために――育成プログラムの構築

監督になって取り組んだのは、リクルーティングにとどまりません。取り入れたのは、徹底したデータ分析に裏打ちされた育成プログラムの構築と、コーディネイトの質の向上です。

監督就任に際し、私はラグビー部のビジョンを考えました。早稲田大学のラグビー部員は大学卒業後、誰もがラグビーに携わる仕事に就くわけではありません。他のラグビー強豪大学と比べても、ラグビー界に残る人材は実は少ないのです。

そんな現状を鑑みて、

「大学4年間ではラグビーで日本一になることを徹底的に追求することで、卒業後は早稲田ラグビーで学んだことを糧に、社会のリーダーとなってほしい」

という一つのビジョンを立てました。

一方で、早稲田大学ＯＢの五郎丸選手が現在の日本ラグビー界のトップにいるように、選手が持続的に成長できる育成プログラムをきっちりと作り上げ、代表選手を輩出していく。そんな使命も感じていました。

早稲田大学は長らく日本のラグビー界を牽引してきた伝統があり、人気も牽引してきました。その伝統と責任を自負し、トップとなって競技を牽引すべき重要な役割を担っていくべきです。

社会でもラグビー界でもリーダーを作っていく。そのための育成プログラム作成は、ビジョンを叶える核となるものですし、絶対になさなければならないことだと考えています。

育成プログラムは自分で作りました。これまでの経験や知見から構築されていますが、基本的なフォーマットは、トップリーグレベルであればどこのチームにもあるかもしれません。逆にプログラムを作らないで結果を出す人もいますし、作っても途中から方向転換していく人もいます。ただ、自分の中で育成プログラムは、打ち立てたビジョンと役割、そして持続的に結果を出していくための重要な核として位置付けています。

選手が高いパフォーマンスを発揮することで総合値を高め、チームの勝利に貢献する。では、選手がパフォーマンスを確実に発揮するためにはどうすべきか。その問いに答える具体的メニューを、4年間1サイクルでピリオダイゼーションしているのがプログラムの大枠です。そこから年間単位、月間単位、週間単位、デイ単位でどの時期に何をやるのか、セクションごとに決めていきました。

ラグビーのスキルはもちろん、ウエイトトレーニングからプランニングフィットネス、コンバットスキル……メンタルトレーニングもしますし、ニュートリション（栄養）では、最適な栄養素を最適なタイミングと量で摂取するということを徹底。これら各パーツをユニットにして組み合わせ、選手のハイパフォーマンスに繋げるべくコーディネイトしていく。これを「ハイパフォーマンスユニット」と名付けました。

このハイパフォーマンスユニットをしっかり回していくことで、4年間で着実に成長していくことを目指しています。回すことを怠ると、持続的な強さには結び付きません。今すぐに結果がほしいからといって、目先の勝負にこだわって勝ったとしても、それは一過性の勝利に過ぎません。相対的に分析すると、こういったサイクルを20年間かけて回し続けてきた大学が、現在結果を出しているのです。

つまり、今から取り組み出した我々は後発になります。ここから先行している相手に追い付き追い越すには、プログラムに加えてコーディネイトの質にもこだわらなければ太刀打ちできません。

名門復活へ——コーディネイトの質向上

質を上げるのに重要になるのは、年間のスケジューリングとデータになります。やはり人間の身体は正直ですので、データを取ることで効果的なトレーニングに結び付けることができます。

体組成に関するデータを集め、GPSを用いてデータを取得し、厳密にとは言わないまでも週に走る走行距離の目安は設ける。さらに、例えば週の総走行距離のうち時速5㎞以上走ったパーセンテージを出して、選手の主観的運動強度と掛け合わせることで、選手の疲労度と練習強度のバランスをとる。疲労度の数値がある一定数を越えない程度にとどめることで、怪我を防止する。プログラムの継続性を保つためには怪我の防止は必須です。そもそも、データを持たずにその日の気分で運動強度を決めていては、理想的なトレーニングの効果は望めません。

選手をカテゴリごとに分けることも行いました。「エリートスコッド」と呼ばれる、原則として全てのプログラムを実行する選手は、2016年度末時点で53人。「アドバンススコッド」と呼ばれる他の選手には、また別のプログラムが用意されます。

約100人いる部員のプログラム進行を一人で見る事には限界がありますので、多くのスタッフに協力してもらいました。2017年はスキルコーチが4人にS&Cコーチが4人、メディカルトレーナー2人、管理栄養士2人、他にリハビリアドバイザーにハイパフォーマンスコーディネイターなど。全員がフルタイムというわけではありませんが、15人以上のスタッフが関わってくれました。

スタッフの中にはコーチングコーディネイターという、コーチにコーチングする方もいます。的確かつ効果的な教えからもトレーニングの質の向上を図っているのです。

例えば、パス技術を上達させるために20分間続けてパス練習をしたとします。これを「ブロックトレーニング」と呼びますが、結果、短期的に技術向上は見込めても、実は忘れてしまうのも早いのです。

確実に技術を身に付けるためには、むしろパスにキックやレスリングなどのメニューを加え、20分間に4種類のメニューを各5分で消化しながら繋げていく方が、緩やかでありつつも確実に技術が備わっていく。これが「ランダムトレーニング」です。長期的視点から見た場合、ブロックトレーニングよりランダムトレーニングの方が効果的であるということはデータ的に裏付けされています。同じ技術向上を図るにも方法論によって効果が変わる。そのことをコーチする側も正確に理解していかなければなりません。

時には、昔ながらの方法で選手を追い込むことも必要かもしれません。ですが、現状で遅れを取っている我々がまずやるべきは、与えられた同じ時間幅の中で差を埋めること。そのためには科学的に立証されたデータを活用して、効率と効果を最大限に高めていくことが優先課題となります。

そういう意味で、2015年にイングランドで開催された第8回ワールドカップで日本を率いたエディー・ジョーンズ監督の戦い方は、非常に参考になるものでした。

世界で勝てていない日本を率いる上で、勤勉性という日本人の特性を理解し、しっかりしたデータ分析に基づき世界の舞台で勝つための必要最低限なスキルを見出し、逆算してトレーニングを組んでいく。成功をもたらした日本代表のチーム強化体制は、現在の早稲田ラグビーにも通じるものがあると思います。

強い組織を確立するために

新しい方針と要素を持ち込んでの監督1年目は、関東大学ラグビー対抗戦2位、大学選手権ベスト8という結果に終わりました。価値観から練習メソッドから、がらりと変えましたので、当初は選手たちの意識もまとまりきっていませんでした。特に、ここ7年ほど勝てておらず、体力面もマインド面も向かうべき先をはっきり伝えることから始めたシーズンでした。

我々指導側としても、春先はトライ&エラーの連続で上手くいかないこともありました。しかし、夏以降は春のレビューを反映することでチームの実力を上乗せすることができたと感じています。

とにかく、自分たちの強みをしっかり作り上げようと継続した1年だったので、土台はしっかり作れました。2年目のシーズンもトライ&エラーは続きますが、1年目のシーズンのエラーをしっかりとレビューすることで、さらにプログラムの効果を高められたはずです。春の時点で、既に1年目よりも進歩している感触もありました。

強い組織を作り上げていく上でまずやるべきは、組織を動かす立場の人間＝リーダーが自分自身としっかり向き合うことです。漠然としたスキームのまま物事を動かそうとしても、決して思い通りには動いてくれません。早稲田大学ラグビー部なら、チームを司る私が動いていく先を明確に提示しなければいけません。提示すれば、選手たちにも求めることができます。まずは、しっかりしたビジョンがあって、個々に共有してもらうことで繋がり、組織の輪が広がっていくイメージです。

選手たちには特別な言葉をかけるといったことはしていませんが、なるべくロジカルに話そうと心がけています。ビジョンを説明することも、早稲田大学でラグビーする意味も、プログラムの内容も、メニューの消化具合も、一人ひとりにロジカルに説明し、納得してもらう。この納得してもらうことが出発点となり、チームの方向性が定まってきます。

進むべき方向性が見えずフレームも設けられないことで、選手個々がチームに貢献できているのかも分からない。そして、疑心暗鬼になりながら努力していたのがこれまでのチームでした。今後は統一された方向性を明示して、理解した後は選手たちが能動的に動く。そして指導側の思惑を超えるようなことをやってくれると、チームとして厚みが出てくるのではないでしょうか。

個も組織も「ビジョン」があってこそ成長する

早稲田大学ラグビー部は、持続的な強さを求める取り組みと同時に、カレッジスポーツとしてのビジネスモデル構築への取り組みも行っています。私はリクルーティングダイレクターと同時に、クライアント回りも2015年から担当していました。そこに平田ゼミでの学びを加え、リアルに実践しました。

育成プログラムを回していくにあたっては、相応の資金が必要になります。ですが、早稲田大学では強化指定部に設定されてはいるものの、他のラグビー強豪大学のようにフルバジェットではないので、自分たちで資金を集める努力をしていく必要があります。

パートナーさんへの訴求点としては、部員100人のデータ動向を商品開発などに活かしていただいたり、早稲田クラブというスクールで栄養の啓蒙教育といったアクティベーションをしていただいたり、ユニフォームであればブランディングに役立てていただいたり——。自らメリットを考え、また生み出すように画策して提案させていただきました。

スポーツの現場とはまた違い、バリューを問われるビジネスになるので、指導とは勝手が違うのは当たり前です。ゆくゆくは単純に「スポンサー」になっていただくのではなく、共に価値を高め合う「パートナー」として、カレッジスポーツのビジネスモデルを作っていきたい思いがありました。

私が掲げた『BE　THE　CHAIN』というスローガンには、チームが鎖で繋がるという意味に加え、パートナー企業さんとも手を繋ぎ、力を合わせることで夢を叶えていこう、という意味も込められています。練習場などに掲げられているスローガンのフラッグには2017年春時点で、13社の企業ロゴが並びました。

カレッジスポーツという新たな市場を開拓することができれば、日本ラグビー界の「勝利、普及、資金」というトリプルミッションが回るチャンスになるはずです。

現在の日本において、ラグビーの普及は進んでいるのか。その判断は非常に難しいものがあります。例えばニュージーランドですと、人口約420万人に対してラグビーの競技人口は12万人ほどですが、驚くべきは代表のオールブラックスのファンクラブ会員数で、約200万人が加入しています。対する日本は人口約1億3000万人に対し、ラグビーの競技人口は13万人ほど。ファンクラブ会員は約2万人にとどまっています。いったい何を指標とするか、で普及状況の見え方は変わってきます。

2015年にイングランドで開催された第8回ラグビーワールドカップで、日本は南アフリカから大金星を挙げるなど3勝をマークして、世界からも注目される活躍を見せました。その結果、日本におけるラグビーの見られ方が変わったとは思います。

ワールドカップ後には、国際リーグのスーパーラグビーへ日本チームのサンウルブズが参戦することになり、今の高校生や大学生にとって世界の舞台が身近になったことは確かです。プレーしている子どもたちにとって、新しい夢や希望が生まれてきました。

2015年のワールドカップで日本が活躍して注目度を高め、2019年の自国開催のワールドカップへ向け、日本ラグビー界の気運は高まっていると言えます。

だからといって日本にラグビーがきちんと普及しているか、結論を出すのは、まだ時期尚早でしょう。とはいえ気運は確実に高まっている中、早稲田大学という場所から日本ラグビーの普及に寄与する。そのために、新しいビジネスモデルの構築は勝利の追求と共に取り組んでいくべきテーマでしょう。

以上のように、監督になってから新しく取り組ませてもらった点は多岐にわたります。ただ、どれもこれも目的は結局、一つのビジョンに集約されます。改めて言いますが、選手たちに「ラグビーを徹底的に追求することで、社会のリーダーになってもらいたい」からです。

よく聞かれることに、現代の選手たちの気質があります。その質問の中には「ゆとり世代」「さとり世代」といったようなネガティブな意味合いが込められていることも感じ取れます。

確かに、時代の流れによって我々が大学生だった頃とは異なってきた部分もあるでしょう。ただ、それは早稲田大学に限った話ではありません。むしろ、学生は教えたことはきちんとやる勤勉さがあります。もちろん、ラグビーだって歯を食いしばって一生懸命取り組んでくれます。

問題はむしろ、若者たちを取り巻く大人たちにあるのではないでしょうか。しっかりビジョンを示して、きちんと説明すれば正しく見識は広がっていく。ものすごい勢いで成長していくポテンシャルがある。それなのに周囲の大人たちが導いてあげないばかりに、せっかくの伸びしろを伸ばし切れていないように見えます。

自身を振り返ってみるに、これまでの人生で自分に「もっとやれ」と重圧をかけてきたのは、大学時代とトップリーグでお世話になった清宮克幸監督、そして平田先生の２人だけでした。お二人から薫陶を受けたことは、その後の自分の血となり肉となっています。おかげさまで戦う姿勢を保てている。平田先生には、

「半端な勝利ではダメだ。圧倒的に勝て」

と言われてきました。まだまだこれからです。

導いてくれた人がいるおかげで今の自分があるように、私もしっかりと選手たちを導いてあげたい。そして、卒業後どこに行こうともリーダーになってほしい。いつでもどこでも、戦う姿勢は取り続けていきます。

山下大悟氏の心の鍵が開いた瞬間

山下さんは、平田ゼミに入るまで４年ほどの時間を要しました。同じ早稲田大学大学院の島田陽一先生に「修了できたら（早稲田大学ラグビー部の）監督にするからよろしく」と紹介されたのが出会いです。それで実際に会ってみると、勉強に興味があるのかが分からない。島田先生に言われたから会いに来ただけなのか。私も父親がラガーマンだったものの、まだラグビーの現場指導の話ができる基礎知識もない頃でしたので、当初、私は山下さんに何か役立つこ

とができるのか、疑問でした。そこで、毎年会うことにしたのです。話したことは、どうせ入学するなら圧倒的に優秀になって研究仲間をリードしろ、ということです。「何とか卒業したい」「何とか作って」「何とかギリギリでついていって」――こういう勉強面の三流体質を除去するためにそういう話をしたのです。大学の体育会の学生は、授業に顔を出す回数が幾度かあれば、それで単位を取得でき、卒業できると伝統的に教えられてきています。その教えを断ち切って意識を変えない限り、道は開けないと考えました。

そして3年目、早稲田大学のラグビーはなぜ勝てなくなったのか、いったいどういう選手が入部してきているのか、そういった点を調べてみるよう勧めてみたところ、以来、座り方からして変わっていきました。

「平田先生、これはおかしいです。これでは勝てません！」

同じポジションの選手を同じ高校から獲得している。スポーツ推薦入学なのに試合に出ていない。次々と過去のスカウティングの失敗が浮き彫りになりました。山下さんはゼミに入学しても現役選手を続けていたので、時間がありません。そのため、入学前に論文を書くことを勧めました。それでゼミ入学前年に、日本スポーツ産業学会に『大学ラグビーにおける成績上位校に所属する出身校に関する調査』という論文を提出、掲載されました。この論文が書けたことはすごいことです。そして、平田ゼミ入学後はさらに調査対象を広げ5大学の詳細を調べ、見事な修士論文をまとめ上げました。私が指示する前にリサーチを済ませるなど、研究に対する積極性が増していく一方、思うようにデータ収集、分析が進まないことで不安に陥っていた時期もありました。焦りや葛藤もあったかと思いますが、ゼミ仲間の進み具合に刺激を受け、コツコツとやりきったのはさすがです。

　スポーツ推薦入学数が少ないというハンデがありながらも、圧倒的に勝ち続ける。山下さんには今後、知性に裏付けられた早稲田らしい大学ラグビーを確立していってほしかったです。2018年度の新体制による改編で、志半ばに監督を退くことになりましたが、山下さんはまだまだ年齢的に若い。ゼミで見せた成長がそうであったように、今回の経験を時間をかけて消化し今後の糧にしていただきたい。また、必ずそうできると信じています。

プロゴルファー＆ゴルフ解説者
タケ小山
Take Koyama

profile
たけ・こやま／本名は小山武明（こやま・たけあき）。1964年7月7日生まれ。東京都八王子市出身。中央大学卒業後、蛇の目ミシン開発・蛇の目スポーツプラザ高尾で所属プロゴルファーに。1989年渡米。フロリダグレンリーフリゾートに所属。2001年、立ち上げから関わっていたザ・ゴルフ・チャンネルの専属解説者に。2007年帰国。テレビやラジオのゴルフ解説が人気を呼び著書多数。2017年4月からはラジオ文化放送の平日朝の帯番組である『The News Masters TOKYO』のパーソナリティに。
平田ゼミ第3期生。研究テーマは「地域・地区ゴルフトーナメントを軸とした日本男子プロゴルフ界活性化に関する研究」。

「球打ち」になれなかったからこそ

早稲田大学大学院スポーツ科学研究科の平田竹男研究室社会人修士課程1年制コースに、私が入学したのは２００８年。第3期生としての入学でしたが、ゴルフ界から平田ゼミに入った人間は私が初めてでした。数多くのプロゴルファーが日本に存在する中で、なぜ私が最初に平田ゼミの門を叩いたのか。それは、私が「球打ち」＝プロゴルファーとして食べていけなかったからこそ持ち得た問題意識があったからです。

もし私がプロゴルファーとして日本ツアーに参戦し、年間2〜3勝していれば、それだけで約1億円の賞金を稼げるでしょう。それだけの実力があれば、ツアーの構造や権利の行方などに何の疑問も抱かなかったはずです。

でも現実は、プロゴルファーとして目立った成績も残せず、賞金ランキングにも名前は載らないレベルでした。Jリーグでいえば2部、3部に所属する選手ぐらいの位置付けです。様々な国の試合にも挑戦しましたが、シード権を獲ったわけでもなく、多額の賞金を稼いだわけでもありません。

折しも日本はバブル景気が崩壊し、不況の真っただ中。日本ゴルフ界もその影響を受け、試合数は減少の一途を辿っていました。稼げない身からすると、ツアーの試合数が減るというのは恐怖以外の何物でもありません。その時、ツアー規模が縮小していく情景に疑問を抱くようになり、自分なりの打開策を模索するようになりました。

私はプロゴルファーとしてキャリアを積む一方で、アメリカのゴルフ場で18年を過ごしました。もともと日本のプロゴルフのシステムとアメリカのプロゴルフのシステムの違いに興味があり、大学時代の先輩のつてを辿って１９８９年に渡米。プロフェッショナルゴルファーとして、専門的な職業に携わる者を対象としたＨ－１Ｂビザを取得。フロリダ州オーランドへ移り住んだのです。

そして、地元のゴルフ場に所属してプロゴルファーと並行しながらゴルフ場ビジネスにも携わり、18年を過ごしました。仕事に対する対価は決して高いものではなかったですし、生活は決して楽なものではありませんでした。でも、タイガー・ウッズをはじめとするプロゴルファーが多く住み、アメリカ最大のトップスポーツマネージメントカンパニーであるＩＭＧの本拠地があるオーランドには、スポーツに対する理解と熱気、そしてチャンスに溢れていました。

アメリカに住んでいた間に、私は６年ほど『ザ・ゴルフ・チャンネル』という専門番組で解説の仕事をしていた時期があります。『ザ・ゴルフ・チャンネル』はアーノルド・パーマーとアメリカ南部のローカルテレビ局の社長が、ゴルフの専門チャンネルを作ろうと画策したＣＳ、ＢＳ放送の先駆けとなる番組です。そんな番組が１９９５年にオーランドを拠点にローンチし、日本でも１９９６年から放送が始まりました。ちょうど日本人メジャーリーガーの先駆けとして、野茂英雄さんがロサンゼルス・ドジャースに入団したのが１９９５年。日本ではＮＨＫのＢＳ放送がＭＬＢから権利を買い取り、野茂さんの試合を中継するようになりました。それと同じタイミングでＮＨＫはＰＧＡ（全米プロゴルフ協会）からも権利を買い取り、ＰＧ

Ａツアーを放送するようになります。その後、放送枠がＣＳ放送にも拡大し、番組の需要が高まる中で『ザ・ゴルフ・チャンネル』も日本で放送されることになりました。すると、現地の日本人解説者が求められるようになり、私にお声がかかったというわけです。

おかげさまで、私はＰＧＡツアーが拡大し、放送が世界に広がるタイミングの現場に居合わせ、需要が急拡大していく姿を目撃できました。アメリカのゴルフ界がスポーツビジネスとして成長していく熱気を肌で感じることができたのです。

独立した組織によって計画的に運営され、企業と地方、団体と個人の資金によって支えられ、放送権料による収入で組織をさらに拡大していく。図らずもプレイヤーとメディアマンとビジネスマン、ゴルフに関して３つの視点を持つことになった私は、結果的に「勝利・普及・資金」という、平田竹男先生の言うところのトリプルミッションモデル、つまりスポーツビジネスの根幹をなす３要素に触れることができていたのです。ＰＧＡツアーは、ゴルフをメジャースポーツに引き上げるためのお手本でした。

私自身は、プロゴルファーとしての可能性を見極めるため２００７年に帰国を決意しました。解説などゴルフ場の〝ロープの外〟での仕事が増えていましたし、生活も安定していましたが、もう一度プレイヤーとして〝ロープの中〟に戻りたい、という本音に従うことにしたのです。

それまでの仕事を全て辞めて、ツアープレイヤー一本に徹しました。自分の中で覚悟を決めた１年間だったのです。そして、自分の中で少し感触を得た２００７年シーズンを経て臨んだ

2008年シーズンでしたが、予選会で失敗し出る試合がなくなってしまいました。この時ほど、減ってしまった試合数を恨めしく思ったことはありません。

結果、仕事を全て辞めてプレイヤーに徹していましたから、ほぼ無職の状態に。その時、相談させてもらった大学時代の先輩の一言が、新たな道を拓いてくれることになります。

「プレイヤーとして試合に出るのではなく、これからはゴルフの試合を作ってあげる側に回ってみたらどうだろう？　興味深いゼミがあるから、そこで勉強をしてみれば？」

そして紹介されたのが平田ゼミだったのです。

ニュートラルな立場からリベラルに考える

プレイヤーとしては、望んだ結果はもたらされませんでしたが、最後に自分自身の力でアクションを起こせたからか、〝ロープの中〟に対する未練はバッサリ斬り落とせた感覚がありました。

平田先生へは、もともと「スポーツメディアで働いた経験もあるから」ぐらいの動機で連絡したのですが、すぐにレスポンスがあり、高田馬場での面接、論文をはじめとした各シートの提出と、瞬く間に事態が進行し受験する運びになったスピード感にまず驚かされました。

平田先生は、1999年にPGAから独立したJGTO（日本ゴルフツアー機構）の立ち上げに関わられるなど、日本のゴルフ界にも少なからぬ繋がりを持っていました。さらに、私が勤めていたフロリダのゴルフ場にもいらしたことがあるなど、縁も感じました。

　実際に入学してみると、周りには金メダルを獲ったアスリートもいれば、世界クラスの選手を指導しているコーチやビジネス経営で花を咲かせた人もいる。多種多様なトップ人材が一堂に集まる場に、最初は単純におもしろみを感じていました。

　当時はサッカー関係者が多かった記憶がありますが、他にも水泳、バスケットボールにバドミントン、プロレスラーまでがゼミ仲間。さらに大手広告代理店やメディアで働くビジネスマンも仲間になり、ゴルフ以外のスポーツ全般のバックグラウンドが見られるようになったことは斬新な経験でした。そして、バックグラウンドを調べていくと、必然的に政治や行政といったポリティカルな部分に触れることになります。それまでゴルフ界にだけ向けられていた視点が他にも広がり、自分の中の引き出しが増えていく感触。各現場で働いている人たちのリアルタイムな論文を読むだけで、思考のヒントがそこら中に散らばっていました。

　そんな心強い仲間たちと共に、リベラルな内容のゼミを学ぶ。これは個人的な印象ですが、平田ゼミは、既存のものをぶち壊してよりよいスポーツビジネスを構築しようとする意欲に燃えていたと思います。教えの基本はあくまでスポーツの基本理念である「平等」「公平」ですが、スポーツをプロ、ビジネスの側面で切り取るとリベラルな一面が顔をのぞかせてくる。目指すのは分け隔てなくみんなが身近に楽しめる環境作りですが、その場を整えてあげるのもプロの役割なのだ、と。まさに、日本ゴルフ界の課題を突きつけられたような衝撃を受けました。

また私は当初、日本ゴルフ界発展のために試合数を増やす、そのための方法を教わりに行っているつもりでした。ですが、ゼミではその方法を教えてくれない。その代わりにＪリーグなどのスポンサー構造や、お金の流れを調べ、持続的発展をもたらすための資金のフローなどを考えさせられる。自分の力で発想を得る、その種を蒔いてもらうような学びの形でした。すると、だんだん「ああ、そうか」と腑に落ちる瞬間がやってくる。他競技の事例を日本のゴルフに置き換えて考えてみることで、自分の中に道が開けていった気がします。

また、これは偶然だったのですが、平田ゼミに入学したのと同じタイミングでInterFMの『GREEN JACKET』というラジオ番組のパーソナリティを務めることになったことが学びに拍車をかけてくれたと感じています。

『GREEN JACKET』は、アクティブに働く大人たちに余暇を楽しむ気持ちを高めてもらう目的を持った、ウィークエンド早朝に放送されている番組です。ゴルフの番組ではあるのですが、他のスポーツ情報なども取り扱う上で、平田ゼミで学んだ話、ゼミ仲間から聞いた話はとても役に立ちました。取り入れた話を自分の言葉として外部に発する。この作業は少なからず思考を促しますし、方法こそ違えど、ゼミで論文をまとめるのに似た効果を自分にもたらしてくれたと思います。

世界最高峰のプロゴルフツアーモデルの分析

スクラップ&ビルド。先に書いたように、ゼミの内容がリベラルなものと感じたのは、ひょっとして自分が携わってきた日本ゴルフ界が、最もその必要に迫られていると無意識のうちに感じていたからかもしれません。私が選んだ論文テーマ「地域・地区ゴルフトーナメントを軸とした日本男子プロゴルフ界活性化に関する研究」は、すぐに実現するには会長のようなトップにならないとできないことですし、これまでの日本のプロゴルフの歴史を覆すくらいの改革になります。論文は、得てして絵に描いた餅になりやすい。私はそう思っていました。でも、平田ゼミでの論文執筆は、そのレベルで妥協する代物ではありません。突き詰めて、さらに突き詰めて、できるだけ自分たちの理想に近い着地点に導いていく。私もその作業に没頭しましたが、結論として、やはりスクラップ&ビルドが必要になるということでした。

研究はまず、世界を代表するプロゴルフツアーの比較分析から始まりました。

現在、世界には「6大プロゴルフツアー」と呼ばれるツアーシステムがあります。アメリカ、ヨーロッパ、日本、アジア、オーストラリア、南アフリカ。このうち、最も隆盛を誇っているゴルフツアーは、アメリカのPGAツアーです。

1968年に全米プロゴルフ協会（PGA）からツアーを運営するための組織が独立し、1975年から名称を改めたPGAツアーですが、これまで決して順風満帆だったわけではありません。

ツアースタート当初、ＰＧＡはスターとなる選手が生まれない状態が続き、このままではショービジネスとして成立しなくなることに危機感を抱きました。そして、商品となるべき優秀な選手を作り上げるために動きます。

１９９０年、若手選手や賞金ランキング下位の選手の育成、シニアツアーを控えたベテラン選手のトレーニングを目的として、ＰＧＡツアーの2部に相当するベン・ホーガンツアー（現在はウェブドットコムツアー）を創設。各地域・地区に存在するオープン競技を格上げしつつ、新たに複数のゴルフトーナメントを加えて構築したのものです。

そして、この試みは成功します。2部で力を付け、ＰＧＡツアーに昇格してきた選手たちが次々と賞金王を獲得。狙い通り優秀なゴルファーを育成し、そして１９９６年、スーパースターのタイガー・ウッズが登場することによって、ＰＧＡツアーの人気は不動のものとなりました。

ＰＧＡツアーの価値が上がれば、世界各国から挑戦者が集ってきます。そして、彼らがＰＧＡツアーに参戦するには、まずウェブドットコムツアーで成績を残すことを条件としました。結果、ウェブドットコムツアーもＰＧＡツアーも、世界最高峰のゴルフツアー組織として確立されていきました。

特筆すべきは、ＰＧＡツアーはＰＧＡから独立したツアー専門の団体が運営しているということです。それまでは「地域・地区トーナメント」でしたが、スポンサード企業の名前を冠した試合へ移行したことでツアー賞金額も高騰、試合数も年間50近くまで増えました。

ＰＧＡツアーは企業スポンサーに支えられる一方、各地域・地区に存在する非営利団体（ＮＰＯ）からの寄付によっても支えられています。

アメリカでは寄付をすることで税金の免除を受けられます。単純に税金を納めるより、ツアーに寄付をした方が企業名や団体名、個人名が出る分、メリットも大きい。よって富裕層や資金が潤沢な企業が、納税よりも寄付を選択することは珍しくありません。このような税制上のメリットを上手く活用することで、ツアーが成り立っている側面もあります。

ツアーの価値が高まれば、当然放送権料も高騰します。ゴルフ・チャンネルやＮＢＣスポーツ、ＣＢＳスポーツ、スカイスポーツといったＢＳ、ＣＳの放送局が放送権を取得し、その映像を海外に販売することで収益を得る構造ができあがっていきました。

日本プロゴルフ界の現状

翻って、日本のプロゴルフ界はどのような状況でしょうか。現在も、世界最高峰のメジャーツアーとなったアメリカのＰＧＡツアーに日本の選手も続々と挑戦していっていますが、その傾向は、私がゼミで研究していた頃から大きくは変わっていません。

日本人選手にとって、ＰＧＡツアーの知名度、ネームバリューは圧倒的なものがあります。アメリカに続く規模としてヨーロピアンツアーもあり、近年ではアジアから挑戦する選手も増加傾向です。ですが、日本人選手にとってはヨーロッパ全域を回るツアーは移動面で困難を伴ったり、日本ツアーとの並行活動がしにくい日程面があったりで、積極的にトライする人は多くはありません。

現在のワールドランキングは、世界ランキングのハイランカーが多いツアーほどレートが高くなるポイント制ですので、世界で名を上げたいと思えば、やはり最もレートの高いアメリカを選択することが得策となります。

近年、アメリカに挑戦している日本人プロゴルファーといえば、石川遼と松山英樹の名前が真っ先に挙がるでしょう。彼らがアメリカへ渡るのは当然です。日本のプロ野球選手がＭＬＢへ挑戦するように、またJリーガーが欧州リーグへ移籍するように、ゴルフも世界を舞台にプレーする夢を追いかけるのであれば、アメリカへ挑むのが自然な流れです。

石川は、２００７年に高校生のアマチュアでありながら日本ツアーで優勝。15歳２４５日での優勝は、世界最年少優勝記録としてギネス記録にもなっています。

その後、石川に刺激されるように同学年の松山が登場します。彼は２０１０年、まだアマチュアの大学生時にアジアアマチュア選手権で日本人初の優勝。翌年のマスターズ出場権を獲得したことで、キャリアの道が一気に開けました。

この2人の経歴を見ても、日本人ゴルファーとしては突出した技術を持っていることは明白です。その後、アメリカでプレー中の両者の間には結果に差が生じてしまいました。ただ、苦戦した石川にしても、松山という比較対象がいなければ、「アメリカでよく頑張っている」と称えられるに足る十分な活躍をしています。

過去、何人もの日本人ゴルファーがアメリカへ挑戦してきましたが、誰もが苦労をしています。石川が日本ツアーに戻ってきて、アメリカ向けのフォーム改造をせず戦ったら年間４～５勝は確実にできるほど、敵なしの実力を発揮するでしょう。石川と松山と同じくアメリカに挑戦している岩田寛も、日本ツアーに戻ってくれば年間２～３勝はできる実力の持ち主です。

このように、日本からも国を代表する優秀なゴルファーが世界最高峰のアメリカへ渡り続けています。それは一方で、日本が誇るスターが海外へ流出しているということでもあります。本来であれば、日本にとどまって日本ツアーの盛り上げに大いに貢献してほしいところですが、なぜとどめることができずアメリカへ行かれてしまうのか。

そこには、拡大を続けるアメリカを尻目に縮小する日本ツアーに、構造的な問題があるからに他なりません。

日本プロゴルフ界に巣食う構造的な問題

日本ゴルフツアー機構（ＪＧＴＯ）が主催する日本ツアーは、２０１７年は国内24、海外２の計26試合で行われました。ツアーの賞金総額は35億９４７５万円。ここ数年で試合数も賞金総額も増加傾向にあります。

しかし、かつて日本ツアーは現在よりも試合数も多く、賞金も多額のものでした。ピークの１９９０年には最高44試合、賞金総額も１９９３年には最高41億５５００万円まで達しています。バブル景気に後押しされた当時と比べると、ツアー規模は縮小していると言えます。

対するアメリカのPGAツアーの2016−2017シーズンはレギュラー43試合にプレーオフ4試合の計47試合で行われました。タイガー・ウッズが出現し人気が急上昇して以降、ほとんど試合数に変化はありません。2015−2016シーズンの賞金総額は3億3420万ドル（約350億円）。賞金総額はシーズンを経るごとに上昇を続け、今や日本ツアーに10倍近い差をつけるに至りました。

日本ゴルフ界にとっては、2007年に石川遼が現れた時が変革のチャンスでした。彼は日本ゴルフ界が組織的に育成したわけではない、自然発生的に生まれたスターです。意図していないところに千載一遇のチャンスが訪れたわけですが、残念ながら、彼の人気を活用する術をJGTOは持っていませんでした。

なぜか。日本ツアーを主催しているのはJGTOですが、実際に作り上げているのは代理店とテレビ局です。本来であれば主導権を握ってツアーを運営すべきJGTOが、外部に任せきりの状態になっている。これが、専門的な組織で運営しているPGAツアーとの差に繋がっています。

本来であれば、「遼くんフィーバー」を活かして普及と資金を促進することもできたはずです。しかし、実際は石川個人の人気が際立っていくだけで、ゴルフ界全体の普及と資金に波及効果をもたらすことができませんでした。

「普及・強化・資金」のトリプルミッションが回せない。それは現在もそうです。ゴルフ中継に関して、今はテレビ中継だけでなく、インターネット中継によってパソコンやスマートフォンでも視聴することが可能になりました。この新たに登場した視聴方法の権利を、JGTO自身が握る契約ができれば――むしろそれが健全であるはずですが――ツアーを拡大方向へ導く原資を得ることができたはずです。しかし、契約面でネゴシエートできる人材がいない。結果、日本ゴルフ界を変えるチャンスは訪れているのに、旧来と変わらぬ状態を続けてしまう。そして、手をこまねいている間にツアー規模は縮小してしまっています。

同様のことは、実は日本の女子ゴルフに関しても言えます。日本の女子ゴルフツアーは現在、恵まれた状態にあります。2017年の試合数は男子より多い38。賞金総額も男子より多く37億1500万円で、5年連続で上昇を続けています。

しかし、主催している日本女子プロゴルフ協会（LPGA）が主導権を握ってツアーを運営しているかと言えば、男子同様、決してそんなことはありません。価値は増大しているのに、放送権収入もままならないのが現状です。結局、代理店とテレビ局に任せきりで、ビジネスとしての最適解を導き出せないままになっています。

ここまで日本ツアーを作り上げてきたのは、代理店とテレビ局の貢献があったことは間違いありません。ですが、彼らとの関係を重視するあまり、発展的な施策が打てていないのが現在の日本ゴルフ界の現状です。

この流れを断ち切るには、誰かがどこかで改革を断行しなければいけません。日本バスケットボール界がスクラップ&ビルドを果たすことでBリーグを立ち上げたように、一度既存の組織を壊すぐらいの覚悟が、今の日本ゴルフ界には求められています。

日本ゴルフ界を活性化するための改革案

では、どのように日本ゴルフ界を復活させるか。ベンチマークすべきは、やはりアメリカでしょう。現在のPGAツアーの隆盛は、放送権といったエクストラマネーによる貢献が大きいことは間違いありません。もし放送権料が暴落すれば、ツアーは大打撃を受けるでしょう。ですが、賞金総額が激減することはあっても、試合数が激減することはあり得ません。そうならないような仕組みをきちんと作り上げているからです。

試合数が減れば、プロゴルファーのプレー機会が減り、ファーストキャリアに大きな影響を及ぼすことは明白です。さらに、それまで開催されていた地域・地区から試合がなくなることで、ゴルフのイメージダウン及び地域経済の減退ももたらします。待っているのはゴルフというスポーツの衰退です。試合が減るということは、それほど大きなリスクを孕みます。

いかに試合数を減らさずにツアーを安定させるか。そのためには、試合の運営をスポンサー1社に頼らないこと。そして、プロスポーツの原点である「見せる」工夫をしていくことです。

もともと、「ツアー＝旅」の概念はアメリカで生まれました。アメリカの各地をプロゴルファーが旅をして周る。寒い季節は温暖なカリフォルニアから始まって、フロリダ、テキサスを回り、サウスウエストからノースウエストへ。そしてシーズンラストとなる夏季は涼しいカナダで迎える、というルートです。

今でこそ冠スポンサー名が大会に付いていますが、かつては「ロサンゼルスオープン」「サンディエゴオープン」と地域・地区の名が大会に付いていました。ツアーの原形は全国各地区・地域・州のオープンツアーにあったのです。

その「ツアー」の原点に日本ツアーも立ち返る。日本全国47都道府県全てとは言わないまでも、都道府県別に40ほどの試合は立ち上げられるはずです。そして1社にスポンサードを頼りきるのではなく、ギャラリーの入場料収入と、数多くのアソシエイトから小口でもスポンサーを募ることでポートフォリオを施し、試合が簡単に消滅しない安定したシステムを作り上げるのです。

理想形は、ＰＧＡツアーでも最大のギャラリーが集うフェニックスオープンでしょう。２０１７年は松山英樹が連覇したことで日本でも話題になりましたが、7日間で65万５０００人ものギャラリー数を記録しました。

フェニックスのあるフロリダ州は、私がかつて過ごしていた土地。前述したように、スポーツ観戦に強い関心が寄せられる地盤もくまなく活用しています。２０１７年は「ウェイストマネージメントフェニックスオープン」という冠スポンサーの名前が入りましたが、スポンサーは1社に限らず、１００社を超える地元企業、地元住民の支えによって成り立ってきた歴史があります。大会は地元のフェニックス商工会議所が運営しています。

フェニックスオープンのようなモデルの試合を構築するためには、主催する組織がきちんと主導権を握り、運営していくことが必要不可欠です。しかし、日本ツアーの現状は主催するJGTOが機能しきれていない。この先主導権を握るためには、今は誰も手を付けていない日本ツアーの下部に当たる「JGTOチャレンジトーナメント」をまず管理下に置くことから始めるのが手っ取り早いかもしれない。私はゼミでの研究を進める上で、この着想を得ました。

現行のチャレンジトーナメントの試合を10ほど、賞金2000万～3000万円にして日本ツアーに格上げする。そうすることで、JGTO主導の日本ツアーの試合数を増加させていき、既存の試合と入れ替えていく。試合のフェードイン・フェードアウトを繰り返すことで、地道にツアー全体の主導権を獲得していくのです。

主導権を獲得したら自主経営と自主放送を実現する。世界を見渡せば、アメリカのツアーもヨーロッパのツアーも、ツアーを経営する独自のプロダクションを作っています。その当たり前でごく自然な経営形態を、日本でも実現させるのです。

当然、旧来のスポンサーと新規に参入してくるスポンサーとの融合点を見つける必要があります。また、日本ツアーに試合を格上げする分、チャレンジツアーの試合を新たに作り試合数を穴埋めしなければなりません。そして、根本的な構造改革を始めていくためには、ゴルファーたち自身にも問題意識を共有してもらう必要があります。取り組むべき課題は多く、簡単ではありません。でも、皆が危機意識を持てば変えられることです。

さらに研究を続けていくうちに、日本ゴルフ界を真の意味でビルドアップしていくためには、トップの改革だけではなく「地域・地区トーナメント」の重要性を再認識し、マネジメントし直すことが必要不可欠という結論を得ました。

地域・地区トーナメントは、日本で言えば日本ツアー、チャレンジトーナメントに次ぐ位置付けになります。地域密着型の小規模な試合ですが、多くの支援を受けて規模を拡大すれば、チャレンジツアー、日本ツアーへ昇格していくことも可能です。

私は１９９７年に「釧路湿原ゴルフトーナメント」、１９９９年に「北見オープンゴルフ」といった地域・地区トーナメントの立ち上げに関わった経験があるので、歴史、概要、収支、今後について調べることができました。

２００８年時点で両大会ともに賞金金額は７００万～９００万円、参加者はプロアマ合わせて１２０～１５０名ほどの規模でしたが、スポンサー数は地元企業を中心に４００～６００を集めるなど、小規模ながらも安定した大会運営を実現していました。結果、地域・地区トーナメントは試合数の増加をもたらし、ゴルファーのファーストキャリアの機会を創出すると共に、地元の企業、産業、福祉とも密接に連関することで地域活性化にも影響を及ぼす、という手応えを数字上でも証明しており、また実感としても手応えを感じていました。

これら地域・地区トーナメントから試合を作り上げ、格上げしていくことで日本ゴルフ界の底上げは十分に可能です。しかし、現状はそうなっていません。その原因は、やはりＪＧＴＯをはじめとする運営組織に試合構築のノウハウが備わっていないからなのです。

大改革を実らすための種蒔き

「日本のプロゴルフツアーで試合を減らさないようにするためには、どうすればいいか」

その問題意識から出発した研究は、課題を抽出し、解決策を考え、論文に書ききることまではできました。ですが、論文に書いた活性化案は、その後も実現されていません。

それほど取り組むべき問題は大きく、解決には長い時間を要することは最初から分かっていたことです。私自身、ツアーの会長になって、トップの立場から改革に着手してみたい気持ちもありますが、それも簡単なことではないことは分かっています。

50代に突入した現在は、改めて〝ロープの中〟の風景を見る必要も感じ、日本シニアオープンの予選に挑戦しています。同時に、PGAもJGTOのライセンスも取らず、言いたいことを言えるニュートラルな立場をキープしています。2017年4月からは、朝のラジオ情報番組でメインパーソナリティを務めることになりました。ラジオ番組でなく情報番組を担当することになり、スポーツだけでなく政治や経済、法律などに関してもコメントしたり、SNSを駆使したりするわけですが、ここでも平田ゼミで学んだことが役立つことになるとは思ってもいませんでした。少々話が脱線しましたが、今はトップではなく普遍的な立場から日本ゴルフ界の改革を訴えていこうというスタンスです。

長期的に取り組まなければならない大きな問題に立ち向かう際に、焦って即時性を求めるのではなく、時間をかけてでもコツコツと改革の種蒔きをしていくことも大切なのではないか、と考えたからです。

その改革の種は今後2〜3年もすると芽を出すかもしれない、という期待を抱いています。プロを目指す子どもたちは5〜7歳ぐらいからゴルフを始めます。石川遼が話題になったのが2007年ですから、当時石川に憧れてゴルフを始めた小学生たちは現在16〜18歳になっている計算です。あと2〜3年でプロになる子もいるでしょう。そこから第2、第3の石川遼、松山英樹が出てくれれば、またゴルフに憧れる子どもたちを多く生み出すことができる。そうすれば、また「勝利・普及・資金」のトリプルミッションを機能させるチャンスが訪れるはずです。

その時、もし若手の選手がゴルフクラブを振り回すだけでなく、日本ゴルフ界を取り巻く環境について理解するようになれば、改革の種が芽生えてくると考えています。ツアーを作る立場の人間やフロントサイドの思いが変われば、例えば予選会を突破した選手に対して技術だけでなく、ツアーの成り立ちやビジネス構造を教育する時間を設けるようになるでしょう。それが地道に積み重なっていけば、彼らが現役を引退して日本ゴルフ界を動かす立場になる頃には――今からさらに25年ほど後になりますが――日本ツアーの存在意義も、存在価値も、ビジネス規模も大きく変わっているはずです。

日本ゴルフ界の組織から変える大改革は、一朝一夕で成し遂げられるものではありません。ですが、今の立場からでも、将来的な構造改革に結び付くようにゴルフに関わる人たちへ気付きを促すことはできる。25年後に「かつてタケさんという人がこんな論文を書いていたんだ」

と気付いてもらえるように、種蒔き（シーディング）を続けていきます。

タケ小山氏の心の鍵が開いた瞬間

タケさんは、ものすごくやんちゃに見えて、実はものすごく謙虚でまじめな人です。まじめなあまり、思い付いたことや思考経路を全て言葉に表現しようとします。しかも、抜群の体力と「脱線力」の持ち主。タケさんのそんな特徴を私も理解し、覚悟し、根気よく話を辿り真意を探っていきました。教室より飲み会の場の方が、ストレートに表現してもらえるタイプでした。

入学当初から「ゴルフ界をよくするために何かやりたい」というイメージがある程度決まっていました。でも、頭の中にあるイメージを論文にまとめきるまでのロジックは、まだなかったと思います。頭の中と文字をいかに結び付けるか。そこで効果的だったのは、本人も言っていますがゼミ仲間との出会いであり、交流でした。夏の時点で研究テーマに関する中間発表をしてもらうのですが、それは仲間同士で進捗状況を確認し合う機会になり、論文をロジカルにまとめる方法論を探るチャンスにもなります。同時にワードの機能を覚え、実際に思考を文字に起こす機会が増したことで、イメージを具現化できるようになったと思います。

論文を書くにあたり、アメリカゴルフ界を研究し、日本のゴルフ界に落とし込む。これだけでは評論家で終わってしまいます。でも、そこで地方の小さなトーナメントを手掛け、成長させるというアクションを伴う論文にまとめてくれました。タケさんの論文はその後、平田ゼミ第５期生として入学してきた日本プロテニス協会前理事長の佐藤直子さんが、日本テニス界の若手育成のためにＷＴＡ（女子テニス協会）のポイント取得可能な地方トーナメントとして、能登国際オープンをまとめる際にとても参考になりました。

タケさんがアメリカ時代に所属していたグレンリーフというフロリダのゴルフ場には、私も留学中に行ったことがありました。きっと、どこかで会っていたであろう縁を私も感じます。

２０１３年、東京でのオリンピック開催が決定すると、タケさんが２０２０年東京オリンピックのゴルフ会場について異論を唱えている場面がありました。政府のオリパラ事務局長をしている私の立場とは正反対の動きなので、困ったことに複雑な心境にもなりましたが、内心では相変わらずタケさんらしいなと思っていました。シーディングの話をされていましたが、タケさんはゴルフの通にしか分からない解説ではなく、そこまでゴルフに詳しくない人にも伝わる解説ができる数少ない人材。日本ゴルフ界の「普及面」を担う真のリーダーになってほしいと思います。

ここまで10人の卒業生に登場いただき、ゼミ入学前と入学後、そして卒業後を語っていただきました。それまでの人生とゼミで習得した学問を掛け合わせ、新たな形のリーダーとなるべく動き出しています。

そして最後にもう一人、2017年度に入学され、まさに心の鍵を開こうとしていた方に〝リアルタイム〟で語っていただきます。2017年度の学生を代表して語っていただくのは、青山学院大学陸上競技部長距離ブロック監督の原晋さんです。2015年から箱根駅伝を3連覇した直後の2017年にゼミに入学された原さんは、メディアにも頻繁に登場し著作も多い。まさに一流の実績を持って入学されてきた原さんが、学問をどのように吸収していったのか。そして、2018年には史上6校目となる箱根駅伝4連覇を見事成し遂げました。3連覇と4連覇の間には、いったいどのような違いがあったのか。その思考の変化の過程を知ることは、現在の平田ゼミの最前線を映し出す鏡にもなります。

青山学院大学陸上競技部長距離ブロック監督

原晋

Susumu Hara

profile
はら・すすむ／1967年3月8日生まれ。広島県出身。世羅高校3年時に全国高校駅伝2位。中京大3年時、日本インカレ5000メートル3位。大学卒業後、中国電力に入社し陸上競技部創設に携わり、全日本実業団駅伝にも出場した。引退後は10年間サラリーマンを務め、2004年、青山学院大学陸上競技部長距離ブロック監督に就任。2012年、出雲駅伝で同大学を初優勝へ導くと、2015年、第91回箱根駅伝で初の総合優勝。以来、第94回まで4連覇を達成。
2017年度、平田ゼミ12期生として入学。研究テーマは「青山学院大学駅伝チームの箱根駅伝強化の軌跡—予選会突破からシード権確保、四連覇まで—」。
写真／本人提供

社会人で培ったノウハウ

今や多くのメディアを通じて、私が中国電力でサラリーマンとして働いていた経験は広く知られることとなりました。現に、今の自分を語る上でサラリーマン時代の経験は抜きに語れません。

例えば、中国電力で営業マンになる前に総務担当をしていた時、私は「喫煙撲滅作戦」を立てたことがあります。当時は職場で喫煙できるのが当たり前だったのですが、分煙化を推進しようとしたわけです。でも喫煙者が多かったこともあり、大反対にあって計画は頓挫してしまいました。でも翌年になると世の中の風潮が変わり、分煙化が推奨されるように。すると、大反対していた人たちが手の平を返したように自ら分煙するようになりました。

その時、どんなにいいアイデアを思い付いたとしても、時代がついてこなければ評価されないということを知ったのです。以来、スムーズに変化をもたらすコツとして手の届きそうな範囲、つまり「半歩先」の提案をしていくようにしています。

そして、中国電力で7年間営業マンとして働いた後、5人の仲間でベンチャー企業を立ち上げた時、「会社は潰れるもの」という感覚をリアルに味わいました。

資本金があっても、ただぬくぬくと毎日を過ごしているだけでは会社は潰れる。潰さないためには、収入を得なければいけません。そして収入を得るには、会社に価値＝魅力を持たせなければいけません。では、魅力ある会社にするにはどうしたらいいか。まずは、きちっと指導して現場を強化し、業績を上げることです。実績を作らないことには、何を言おうと説得力を持ちませんから誰も相手にしてくれません。

では、実績をどう作り上げていったらいいか。ベンチャー企業を立ち上げた当時の社長は、会議で「3年で単年度黒字、5年で累積赤字解消、10年で〜」というように、具体的に期間を区切りながら目標を設定しました。そうすれば、長期的、中期的、短期的と逆算していくことで10年後の目標に連なる目の前の具体的な目標が決まってきます。

そして見事実績を上げ、魅力ある会社を作ることができたらどうするか。実は、問題は魅力を創出した後です。目標達成でゴールとするのではなく、ここから広報業務を始めるかどうかが重要です。せっかく作り上げた実績に伴う価値＝魅力をどんどん露出していく。どんなに質の高いことをしていても、世間に知られなければ価値を持ちません。

ここに挙げたのはほんの一例に過ぎませんが、私は状況を改善する策を見つけ、考え、行動してきました。これはもう性格としか言えないかもしれませんが、物事の本質を突き詰めずに上っ面だけをなぞって終わらせてしまうことに納得ができないのです。社会人時代も今も、妥協してしまっていることがあると、それを、どんなに包み隠していようと勝手に見えてきてしまう。そうすると、状況を改善したくなって我慢ができなくなってしまうのです。

現在の日本は、依然として厳しい経済環境下に置かれています。リストラを断行する企業も後を絶ちません。年功序列や終身雇用といった旧来の働き方が崩れ、「第二の人生」の選択に苦しむ方が数多く出てきています。一方で、少子高齢化社会になって労働力の確保が問題となっている。この現状を改善するには、どうしたらいいでしょうか。例えば、そんなことも考えてしまいます。

私がもし人事部長だったら、再チャレンジ制度をフル活用します。いくらか予算を用意してベンチャー企業を立ち上げ、リストラ対象となっている人たちにもう一度チャンスを与えるのです。

企業に就職した方は、少なくとも入社時はその企業に必要な人材として認められているはずです。でも、その後にリストラ対象となってしまう社員は、人間関係などちょっとしたボタンの掛け違いから、組織が目指すラインから外れてしまった。でも、本来は必要とされる能力の持ち主です。再チャレンジできるきっかけと場所を与えれば、熱意さえあれば再び輝ける可能性の方が高いはずです。

もちろん、気力を失ってしまい、一刻も早く勤めていた企業から離れたい方はそうしてもらって構いません。挑戦することは強制されることではありませんし、ゆっくりした人生を歩みたいのであれば、それはそれとして尊重されるべきです。

ただ、もし「自分はもっとやれるのに」「もう一度輝きたい」と思いながら不遇をかこっている方がいたとしたら、企業としてはその人のくすぶっている気持ちを刺激するような計画を立ち上げて、責任を与えてみる。リストラしたり給料をカットしたりしているのならば、その分、浮いた資金を原資に新しい計画やベンチャー企業を立ち上げることは可能なはずです。そうすれば、企業規模を縮小していく流れに逆らう新たなムーブメントが生まれてくるのではないでしょうか。物事が変わる時、その原動力となるのはいつも「人」と「熱意」。私はそう考えてきました。

取り組むべき価値を感じた青山学院大学監督業

サラリーマンとして安定を得ていながら、青山学院大学陸上部長距離ブロック（以下、青山学院大）監督の誘いを受けた時、私は即決しました。奥さんや周囲の人には反対されましたが、それでも即決したのは、自分の感性で筋のいい話かどうかを判断できる嗅覚みたいなものが備わっている自信があるからです。

取り組もうとしている対象に関して「現状に甘んじていたらプラスはもたらされない」、逆に「何か手を加えても大した評価にならない」、または「打ち込めば社会に認められて存在意義を示すことができる」といった価値判断が勘で分かるのです。なぜ価値判断ができる嗅覚が発達しているのかというと、いろんな局面で人と触れ合ってきたからです。まずは自分の考えを外部にぶつけて、周囲に知ってもらう。それから様々な議論を交わすことで自分の考えが的を射ているのか、逆に的外れなのかを確認していく。その繰り返しが、社会のニーズに沿った判断の精度を高めていってくれます。

その点、青山学院大で監督をすることは、取り組むべき価値が非常にある仕事という判断でした。

取り組んできたことは、先に述べた社会人時代のノウハウを青山学院大に当てはめることでした。

チームを会社、新たに入っている学生を収入、卒業していく学生を支出と置き換えた場合、会社を魅力あるものにしない限り、優秀な人材、つまり大きな収入は得られません。

そのためには魅力あるチーム作りが必要になるわけですが、魅力創出には実績が必要になります。そこで監督に就任した時、

「箱根駅伝で優勝争いできるチームを10年で作り上げる」

と宣言しました。大学生は4年で卒業しますので、自分が監督になった時に入学してきた代が卒業するまでを1周期と捉え、チームにメソッドが浸透した5年目に箱根駅伝出場権を得て、2周期が終わった10年目までにシード権を得て、3周期以降に優勝争いをする。実績を作る上で、長期的、中期的、短期的な目標を立て、いつまでに何をするかを具体化しました。

それから7～8年は地道なチーム作りが続きました。その時から意識していることは、学生たちに成長を促す際は、常に「半歩先」の目標を設定してあげることです。

そして、他の大学であれば強化した時点で目的達成とするところを尻目に、強化を果たして価値を創出してから積極的なメディア展開を始めました。

私はここ数年、「広報活動」に精を出してきました。テレビ、ラジオ、新聞、雑誌……著書もたくさん出版してきました。そんな私の行動に、同じ大学陸上界からは「何を偉そうにテレビに出ているんだ」「何を芸能人気取りしているんだ」という見られ方もしています。そんな

反応が出てくるのは百も承知で、それでもメディアに出続けるのは、会社の経営方法をチーム作りに置き換えているからです。

実際にメディア活動を始めて人と会い、話すようになって、これまで以上に人と人が関わり合う大切さを感じています。これは、青山学院大でも重視しているところです。すっかり有名になりましたが、青山学院大では選手たちに「目標管理ミーティング」をやってもらっています。5～6人が1グループになって、目標達成に向かって各自がどんなプロセスを歩んでいるかを可視化する。自分の取り組みを仲間に知ってもらう過程で、コミュニケーション能力やプレゼンテーション能力が磨かれていきます。

このように、常日頃から話し合いをすることの重要性と提案していく前向きな姿勢を説き続けています。

「黙して語らぬ」ことが日本男児の美学、というような風潮が日本にはありますが、それでは逆に男ではない。話さない＝おもしろくない、ということは魅力がないということ。そこまで断じています。「明るく元気な性格」。これは、選手を獲得する際のスカウティングの基準にもなっているところです。

組織を強くする、まとめることを考えた際、突き詰めていくと最終的に行き当たるのは結局「人」と「熱意」です。人が人を扱って成り立って行くのが組織ですから、人と人が関わり合っていくことが最重要課題であることは明白でしょう。

箱根駅伝3連覇、大学駅伝3冠の先を目指して平田ゼミへ

「箱根駅伝で優勝争いできるチームを10年で作り上げる」

そう大学側に宣言して青山学院大の監督に就任してから、13年の月日が経って迎えた2017年1月3日。第93回箱根駅伝で青山学院大が優勝しました。第91回大会から続く連続優勝記録を3に伸ばすとともに、2016年の出雲駅伝と全日本大学駅伝と合わせ「大学駅伝3冠」も達成しました。

周囲は祝勝ムードに大変盛り上がりました。ですが、そんな喧噪の中、常々「現状維持はすなわち後退」と考えている私は、

「それでは、次にどうしようか」

と考えを巡らせていました。

大学のチームは4年生が卒業していきますから、毎年生まれ変わります。そこが一般企業との大きな違いで、毎年、自動的にスクラップ&ビルドが行われるような仕組みになっています。チームは4月から1年単位で作り上げ、翌年の4月になるとまた0に戻る。その繰り返しです。

ですから、学生たちには毎年4月の時点で原点に戻ってもらっています。青山学院大が創部された当時から現在まで、どのような変遷を経てきたのか、を滔々《とうとう》と説くのです。

特に、新たに入ってくる1年生にはミーティングで細かく話します。今が強いからといっ

て、ただ入学しただけで自分たちも強くなれると思ったら大間違いだと。勝者になるためのメソッドはそろっている。だが、自分にどう置き換えていくかを常に考えて行動していかないと、「ゆでガエルの法則」で、ゆであがって終わってしまうと。

怖いのは、勝ち続けることでチームがマンネリ化すること。そうならないためにも、学生たちが勘違いしないように声がけをしています。

私は、学生を「自立」させることを念頭に活動しています。学生を自立させることは、実はとても難しいのですが、何から何まで「任せる」自由を与えるのではなくて、テーマや役割を示して「委譲」することで促すことが可能です。

監督が全てを牛耳ってしまったら自立は促せません。仕事は、任されることで初めておもしろみを感じるものです。答えが出ていないものに対する提案や計画を投げかけることで、任された本人は考える作業を始める。それで成功すると、考えることがさらにおもしろくなる。言われるがままの上意下達の指導では、話を受けた人間は輝きませんし、考える能力も養われなければ、個性も生まれない。何よりおもしろさを感じられなくなります。

答えを押し付けるのではなく、自分で答えを探すように問いかける。すると、指示待ち人間にはならず、自主的に行動できるようになります。そして、成功体験がその自主的行動に拍車をかける。自ら周囲に相談を持ち掛けるようになってコミュニケーション能力が磨かれていきます。

選手個々が、自主的に動くことに対しておもしろみを感じるようになれば、チームとして自動的にプラスに向かっていく仕組みができあがるというわけです。

この先、箱根駅伝4連覇以上の膨らみをチームにもたらすには、私の離れたところからさらに大きな視点で括っていかないと成長はもたらされないと思うようになりました。

ですから、これまで以上に学生には自立してほしいですし、組織として確立するようにマネージャー教育だったり、外部スタッフとの連携を取っていったりしていかなければならない。

私ももう50歳を超えましたから、遅かれ早かれチームを離れるタイミングはやってくる。未来永劫、指導することはできません。ですので、今のうちから陸上部の原点、あり方、行動指針、哲学を口を酸っぱくして伝えていかなければなりません。

原晋一人の力で操縦するのではなく、全体でコミュニケーションを密にしながら動いていく。これは、特に意識しているところです。

持続的な強さを手に入れれば、いずれ私がいなくなっても青山学院大は動じなくなります。そのような大きな課題があるうちは、現状に舞い上がっている暇はありません。逆に1年先はどうなっているか分からないので、常に怖い、というのが本音です。

日本陸上界を変えるために必要な「一歩」の勇気

青山学院大にやって来てからの13年は、チームを強くするための13年でした。その間、一生懸命に取り組んでいることで多くの人と知り合うことができました。

可能な限り人と会う中で、出会いがまた新しい出会いに繋がり、アメーバのごとく人脈が広がっていきました。営業マン時代もそうでしたが、実際に現場に出てお客さんと会い、やり取りすることがいかにためになるか。現場での経験をまとめていった方法論は、本社から送られてくる営業マニュアルとは大きく異なります。そして、どちらが有用かといったら、間違いなく前者です。

現場で人と会って話すことで培ってきた知見の方が役立つというのであれば、陸上界以外の方々に会った際によく言われる話は非常に意味深いものです。

「マスコミに取り上げられないようなスポーツ団体は間違いなく衰退する」

自分も同感です。だからこそ、積極的にメディアへ出ることを心がけている部分もあります。でも、先にも言いましたように、陸上界で同じ意識を共有できる人はまだ多くありません。

依然として日本の陸上界、長距離界は社会の中でアウトローの存在であり続けています。メジャーな存在になれない一因は悪しき伝統が残っていること。具体的に紐解けば、アマチュアスポーツの概念と、スポーツの普及という概念と、ビジネスマーケットとしての概念が今一つ噛み合っていない。要は、陸上界を発展させるメソッドが確立されていない、ということです。

ちょっと組み合わせを変えるだけで歯車は回転し出しそうなのに、その中心部には誰も手を加えず、周りの細かい部分ばかり修理している——そんな印象なのです。もちろんマイナーチェンジを加えていくことは無駄ではありませんし、必要不可欠な部分もあります。でも、最も情熱を注いで取り組むべきは、もっと大きな、別のところにあるはずです。

青山学院大にやって来て見えてきたのは、日本陸上界、長距離界の課題でした。いくら枝葉の部分で議論を続けても根幹は変わりません。そして、私が自分なりに良かれと思って取り組んできた行動は、実はその根幹に触れるものでした。

であれば、青山学院大での指導を通して日本陸上界、長距離界を変えていきたい。そう考えるようになりました。

組織で生きていく上では、体制に迎合することも必要だとする意見もあります。事なかれ主義で生きていく方が器用な生き方だとする見方もあるでしょう。

ですが、もし変えるべきと思ったら、私は即断即決する性格です。それで反対意見が出てこようと、一生懸命取り組めば、本筋が間違っていない限り応援してくれる人が出てきてくれます。

社会は常に変化を求めていますし、万が一自分の決断が失敗を招いたとしても、結果は0にはならない。一歩を踏み出す勇気さえあれば、いつでも現状の殻を破ることは可能なはずです。

結局は、やるか、やらないかだけの話です。その二者択一が難しい、という話もあります。なぜそんな重い決断ができるのか、と聞かれることがあります。その答えは、自分はおそらく、一歩踏み込むことが好きなのだからだと思います。

成功を導く体系的マニュアル確立を目指して

現在の自分の指導方針が、社会人時代に蓄積されたノウハウをヒントにされていることは間違いありません。その根本となるものは「人」と「熱意」。様々なチャレンジをしている方の生き様や一つのものを作るためのプロセスには、どの業界であれ、世代であれ、共通するメソッドがあります。その共通項を見つけ出し、陸上のメソッドに置き換えればいいだけです。

とはいえ、自分が成功に導くメソッドを完璧に把握しているかというと決してそんなことはありません。今後もいろんな人に会い続けて議論を交わし、パイを広げつつメソッドの引き出しを頭の中に増やし続けていく必要があります。

だから、私は現状から一歩踏み込み、早稲田大学大学院スポーツ科学研究科の平田竹男研究室社会人修士課程1年制コースで学ぶことにしました。

平田先生の社会人修士のゼミにはプロ野球業界、サッカー業界といったメジャーなスポーツ業界から政財界まで、いろんな分野で様々なチャレンジをしている方が集ってきます。研究に打ち込むことも当然ですが、様々な分野の方々と触れ合うことで、青山学院大学で過ごしてきた13年とはまた違う角度から、自分の指導哲学を肉付けしていきたいと考えました。

「箱根駅伝4連覇以上の膨らみをチームにもたらすには、自分の離れたところからさらに大きな視点で括っていかないと成長はもたらされない」と先に言いましたが、上意下達という流れの中で、指導者の経験値のみで発展してきたスポーツ界の歩みには、常々疑問を抱いていました。

選手側の目線でいえば、優秀な指導者に巡り合えば成果を得られるかもしれませんが、巡り合わなければ成長できない。指導者と選手も人と人の関係ですから、相性があります。自分に合う指導者かどうか、は実際に教えてもらうまで分かりません。つまり、選手にとって自分にプラスをもたらしてくれるかどうか、はある意味ギャンブルなのです。

なぜそんなリスクを選手に負わせているかと言えば、それぞれの指導者が個々の考えに凝り固まり、オリジナルの教えしか持っていないからでしょう。だから選手によって向き、不向きが生じますし、組織もその指導者が去った後に方針が様変わりしてしまう。それが時として崩壊を呼び起こすのです。

私は青山学院大へ来る学生にはみんな成長してもらいたいですし、自分が去った後も強さを維持してほしいと思っています。そのためには体系立った指導マニュアルを作り上げることが不可欠であるという結論に達しました。

その体系立ったメソッドを確立するには、まず現在の陸上界で当たり前とされている「自分の経験を押し売りするだけ」の指導法が果たして間違っていないのか、を検証し、最適な方法を抽出する必要がありました。

さらには、現在アマチュア競技に括られている陸上が、はたしてこのままでいいのか、ということも検証してみたいと考えていました。

一言に「アマチュア競技」と言っても、その概念と定義は、ここ数十年で大きく様変わりしてきました。時代も社会も変化している一方、陸上界は数十年前のアマチュア競技の枠組みのまま活動を続けている。大学陸上界で言えば「箱根駅伝」という巨大コンテンツが年々商業化していっているのにもかかわらず、です。

本来であれば箱根駅伝をキラーコンテンツとして、日本長距離界を発展させていけるようなスポーツビジネスの展開ができるはずなのに、現状は旧来のしがらみが根強く残っているため、効果的な成果をあげられていません。この歪んだバランス、メカニズムを正し、具体的にどういう仕掛けをしていけば日本陸上長距離界の飛躍に繋がり、選手にもプラスがもたらされるような展開ができるのか。その答えを探ってみたい思いがありました。

「アカデミック」がもたらした変化

ゼミの授業は平日夜の6時過ぎから9時半過ぎまで。土曜日は一日中授業があります。そして一部オンデマンド授業もあります。パソコンに授業の映像が配信されるので、生活の場にしている東京・町田にある青山学院大の寮「町田寮」にいながら授業を受けることも可能です。

先に、青山学院大では選手たちに「コミュニケーションの重要さ」を説き、「自立」してもらうような指導をしていると述べましたが、平田先生のゼミではまさに私自身がその教えを受けていると感じました。

まずゼミ仲間たちが多種多様です。２０１７年度入学組の第12期生にはＪリーグ・アルビレックス新潟会長の池田弘さんやEXILEのダンサー・TETSUYAさん、卓球場を経営している株式会社タクティブ代表の佐藤司さん、２００４年アテネオリンピック男子柔道金メダリストの鈴木桂治さんなどが一堂に集い授業を受けます。それまでもメディア活動などを通じて幅広いジャンルの方々と話を交わしてきましたが、平田ゼミで彼らと話していると、また違った学び、気付きが得られます。

その理由は、ひとえに「アカデミックな要素」が入っているからだと思います。

これまでの指導方法を振り返ると、自分なりの根拠に基づいたメソッドはあったものの、伝え方は勘や感情が多く入り込んでいました。平田ゼミでは、そこからさらに「誰もが納得できるデータで裏付ける」という、よりアカデミックな提言の仕方を学びました。

例えば、これまでは選手たちに「夏を制する者が秋を制す」と言い続けてきました。毎年秋から始まる大学駅伝シーズンを前に、苦しい夏合宿を乗り越えるための檄でしたが、この言葉を裏付けるものはありませんでした。そこで実際にデータを取ってみると、お正月の箱根駅伝に出場した青山学院大の選手は、ほぼ全員が夏合宿の消化率が70％以上だったことが分かりました。逆に、消化率70％以下で箱根駅伝を走った選手は数名です。この数値の裏付けがあるかないかで、同じ言葉でも説得力が大きく変わってきます。そして、辛い夏合宿に取り組む選手たちのモチベーションは大きく変わってきます。

故障の原因も、データから探ることができるようになってきました。練習量はもちろんですが、メニューの組み合わせによっても故障率に大きな違いが出ることが判明したのです。さっそくデータに基づいて練習に取り入れた結果、２０１７年のチームは故障率が10％以下になりました。

これまで「ワクワク大作戦」「ハッピー大作戦」「サンキュー大作戦」など、キャッチーな言葉を作り出すことで選手たちを鼓舞し、同時にメディアにも露出してきた「言葉の使い方」に関しても学問的な裏付けを加えることができました。相手に話をする際、心理学には「初頭効果」と「親近効果」というものがあります。最初に言われた言葉は頭に残りやすく、別れ際に言った言葉はさらに大きな影響を与える、というものです。最初にいいところを指摘して最後にダメ出しするのと、最初にダメ出しをして最後にいいところを指摘するのでは、同じ内容でも言われた選手のテンションは全く違ってきます。

このように、これまで漠然と分かっている気がしていたものが、学問的に次々と証明されていく。また、間違いに気付かされる。初めて学びが楽しいと感じました。

ゼミで平田先生は突然学生を当てて「考えを3点述べよ」と質問してきます。最初はこれに困りましたが、だんだん慣れてきます。じつはこれが自分にとって大きなプラスになることが分かる事件がありました。それはテレビの情報番組『ミヤネ屋』に出演している時です。ミヤネ屋は台本がありません。突然、質問が飛んできてコメントを求められるのですが、これは平田ゼミの形と同じで、生放送のミヤネ屋にも何とか対応できるようになりました。このようなことからも、自分が成長していると実感できました。

論文を考える上で見えてきたこと

一方で、論文を書ききる、ということに対してストレスを感じていたのも事実です。もともとゼミに入学したのは、「自分が去った後も続く勝利のための体系的なマニュアル」と「日本陸上界の発展策」を模索するためでした。ですが、平田先生とその都度話をさせていただいても、どうしても話が拡散してしまうのです。研究テーマを絞る難しさを痛感しましたが、気付かされたのは指導法にしても、発展策にしても、漠然としていて掘り下げることができていないということでした。

そこで、より思考を絞って掘り下げた結果、「青山学院大学駅伝チームの箱根駅伝強化の軌跡—予選会突破からシード権確保、四連覇まで—」というテーマに行き着きました。

箱根駅伝を3連覇した勝因をデータから分析する。その過程には13年にわたるトライ&エラーの軌跡があります。このテーマで論文を書けば、指導初期の事例は予選会に挑む大学に、中期の事例はシード校に、そして後期の事例は優勝争いを目論む大学にとって参考になります。箱根駅伝に挑戦する全ての大学に役立つ論文を書けるのは自分だけですし、前例もないことから決断しました。

実際、箱根駅伝にピークを持っていくことは非常な困難が伴います。ですが、これまでを整理すると、先に挙げた夏合宿の消化率や選手の故障率に加え、1年を期分けして分析することが重要だと気付かされたところです。1年のうち1～3月、4～6月、7～9月、10～12月と

4期に分け、各期でターゲットとなる試合を定め、選手に関わるあらゆる結果を数値化して分析しています。現在（インタビュー時点）はまだ論文執筆中ですが、最終的に箱根駅伝当日にトップパフォーマンスを発揮できる「方程式」を作り上げようとしているところです。

この「データを分析する」手法と「ターゲットを定める」考え方は、日本陸上界の発展にも応用できるのではないかと感じています。

選手たちの身体能力も上がり、トレーニング環境も向上している中で、なぜ日本陸上界は世界で勝てないのか。それはまず、厳密な意味でデータ分析がなされていないからでしょう。なぜそう言い切れるかというと、現在世界のマラソンを牽引しているケニアやエチオピアに、いったい2時間5分のタイムを切る選手が何人いるのか、また彼らはどのようなトレーニングをしているのか、日本人は誰も知らないからです。世界トップのデータと日本国内のデータを比較分析することが、現状を打破する第一歩になることは間違いないかと思います。

そして、選手たちがオリンピックで結果を残すためには、本番から逆算して期を区切り、その都度ターゲットとなる試合を決めてトレーニングのスケジュールを区切っていく必要があるでしょう。それができていないのは、日本陸上界の組織が縦割りであり横の連係に欠けているからです。その関係性を是正しつつ、数十年変化のない陸上大会のスケジュールを見直し、オリンピックに通ずるスムーズな計画を再構成する。身体能力やトレーニング環境といった内的要因が満たされている今、改革すべきはむしろ外的要因であると感じています。

改革は一朝一夕でできるものではありません。ですが、私のような異端児が声を上げることで徐々に流れを変えることができるのでは。今はそう考えています。

原晋氏が心の鍵を開けた瞬間

原さんは当初「箱根駅伝の全国化」に興味を示していましたが、私は原さんでなければできないものを研究テーマに選ぶように伝えました。一つのテーマを選び、そのテーマの中で最も大きなポイントを抽出する。そのポイントをさらに深く、深く突き詰め本質をあぶり出す。そうすることによって「何となく」の世界が、変えるためにはどの要素が影響を与えるか「はっきり」因数分解できるようになります。

多くの方がご存知のように、原さんは喋りが上手で説得力があるがゆえに、ある程度の裏付けでスルーできてしまうところがあります。私の役割としては、その「ある程度」を見逃さず、とがめ、そこから先へ進まないようにいったん立ち止まらせて、今考えていることをほぐすことでした。

箱根駅伝を3連覇している青山学院大学の監督であるのに、毎回の論文指導には驚くほど出席してくれたこともあり、9月の合宿から大きな成長を見せてくれました。何より成長を感じたのは、他人の論文指導に対しても的確な指摘をするようになったこと。10月～11月のゼミではその成長を自覚し、研究に「自走力」が付いたと感じられました。２０１７年の大学駅伝シーズンが始まり、出雲駅伝では2位、全日本大学駅伝では3位と、第1走者の不振で自分の得意とするピーキングが思い通りにいかない中、さらなるデータの裏付けと数字でないデータを探る研究態度になりました。

メディア露出の多い点、表面的な話に偏しているのが不安なところではありましたが、青山学院大が行っていた妙高合宿の近くにあったアルビレックス新潟会長の池田弘さんが持つ寮でのゼミ合宿、EXILEのコンサートなどを通し、同期生との交流・連帯にも努めていました。改めて感じたのは「同級生は宝」だということです。今は飲み会で私が話題を振らずとも、ゼミの同期生同士で勝手に話題を作り、勝手に内容を広げ、自発的に化学変化を起こすようになりました。このレベルになると、もう私がすべきことはなく、ただ微笑ましく見守っているだけになります。

そして2018年1月3日。調和を重視した「ハーモニー作戦」で、箱根駅伝4連覇という偉業を見事成し遂げました。箱根駅伝が控える一方で、前月の2017年12月から毎日10時間は研究に没頭されていましたから、不安な面もあったかと思います。その不安をはねのけ、偉業を勝ち取ったことで研究も裏付けられ、私もとても痛快な思いをさせていただきました。無事論文を書ききり、今後は日本陸上界を根本から変える改革者になってほしいと期待しています。

第4章

真の「超一流」とは

教える側としてのスタンス

平田ゼミのテーマはトップスポーツビジネス。ゼミには学部ゼミと修士課程2年制、博士課程に加え、社会人修士課程1年制の4つのコースがあります。

私自身は2003年から早稲田大学で『トップスポーツビジネスの最前線』という、当時はまだなかった「トップスポーツビジネス」というジャンルを扱った授業を新たに立ち上げました。その後、真剣な学生たちに恵まれ評価を得ることができました。その流れに乗るように、学内で大学院スポーツ科学研究科を立ち上げることになり、トップスポーツビジネスをテーマとした修士課程を作り上げることになったのです。

学部ゼミと修士課程2年制、博士課程は、大学や大学院でよく見られるゼミの体系です。一方、社会人修士課程1年制は、日本においては珍しい体系かもしれません。

通常、大学院で学ぶためには、大卒であることが条件に挙げられます。となると、高校以前からその才能を見込まれ、大学に進学せずトップアスリートとしての活動を選択した方々にとっては、大学院で学びたくとも非常に高いハードルになります。現役を引退後、平田ゼミで学びたいと思っても、大学に入り直して4年、それから大学院でさらに2年学ぶ。併せて6年の月日を要します。

私はスポーツ界という専門職で既に実績を積んでいる選手をはじめ、指導者や経営者にも、自分のゼミを通じて、培った経験にアカデミック武装をすることでさらに高みにある領域＝

「見えない頂」へ登っていく道筋を作ってほしいと考えていました。そう考えると、6年間もの間、現場を離れて学ぶことは長すぎます。大学を卒業した者と同等以上の学力があると認められた人材であれば、すぐに大学院へ入学できて、さらに1年で修了できる。それぐらいのスピード感がほしかったのです。以来、大学側と度重なる折衝を続け、社会人修士課程1年制というコース体系を作るに至りました。

2006年度より始まった早稲田大学大学院スポーツ科学研究科の平田竹男研究室、その社会人修士課程1年制コースは、2018年度で第13期生を迎えるに至りました。

通産省時代の経験や、ハーバード大学ケネディスクール、東京大学大学院での学びをベースにゼミを始めましたが、最初の1、2年は、手探りであった部分もあります。その中で幸いだったのが、「トップスポーツビジネス」を謳っているからといって集まる人材が偏らなかったことです。アスリートだけでなく、メディアやスポンサー企業、資本家の方々など、第1期生から多分野の人材がゼミの門を叩いてくれたことで異業種交流の場を設けることができました。また、1年の学びの総決算として最後に論文化するというプロセスを設けたことで、学生たちの心が一つになっていったことは私にとっても大きな学びとなりました。

そして現在。学生たちをどのように導けばブレイクスルー＝「心の鍵が開く」のか、その方法が体系化されてきました。それが第2章で紹介した内容です。一度心の鍵が開けば、後は何もせずとも自動的に化学変化を起こしてくれることが分かりました。第3章の最後に第12期の原さんに語ってもらったのは、そのことを知ってほしかったからです。

かつては私も大変な時期がありました。いつもパソコンの前でゼミのみんなに朝まで付き合っていたものです。加えて全員のグラフ作りから論文もフルテキストで付き合い、体がボロボロになりました。それが今では、共にゼミを支えてくださっている中村好男先生や児玉ゆう子先生の助けのおかげでかなり余裕が出てきました。そして分かってきたのは、あるレベルに達すれば、後は仲間同士で高め合ってくれる。第12期の学生もこの先に入学してくる学生も、これまでの修了生たちと変わらぬ成長を遂げてくれる確信があります。

一方で、修了生たちの多くが語っているように、私の指導は厳しく、怖いという噂はこの12年の間に外部にも広まるところとなりました。私から言わせると、この噂は少し正確性を欠いています。本当に厳しく感じ、怖がっている相手は、実は私ではなく、学生自身のプライドが作り上げた壁だからです。彼らのアカデミック根性は相当なものです。1年間の学びをまとめきった論文は、その後世間に見られることになります。そのことを知った上で、学生たちは自分の満足水準と戦うことになるのです。ゼミに集う人材は一流の実績を持つ人ばかりですが、彼らはそろって自負心が強い。その自負心を満たす論文を書き上げることは、非常に厳しい作業を伴います。つまり、自分で自分を苦しめている。それこそ論文執筆の最後の1カ月間は、皆が必死の形相になります。そして、最後には自分に打ち克って修了していく。「社会における超一流のリーダー」を目指して自己と闘うそんな彼らに対して、中途半端な教えをすることはできません。

私には一人、目標となっている人物がいます。1993〜1997年の間、ビル・クリントン大統領の下でアメリカ合衆国労働長官を務めたロバート・バーナード・ライシュ氏です。私がハーバード大学ケネディスクールに留学した時は、教授としてだけでなく、チューターとなってくれた方です。

ケネディスクールもそうでしたが、他大学のビジネススクールなどでも、先生と学生の交流はないものです。そんな中、ライシュ氏は私をかわいがってくれました。留学した１９８７年は、日本経済が世界でその存在感を示していた時代。日本の自動車メーカーや電機メーカーがアメリカを席巻していました。そして、日本の急激な経済成長を通産省が支えたという「神話」も生まれました。だから日本人で通産省出身の私に注目してくれたのかもしれません。

ライシュ氏の授業で、私はよく当てられました。英語を完璧にマスターしていたわけでもないのに当てられる。すると、必死に喋ろうとするようになります。そのおかげで英語をいち早くマスターできました。また、頻繁に当てられるということは、同じ授業に出席している同級生から注目を浴びることにもなります。おかげさまで多くの学生たちと交流する機会が増えました。

授業の話は笑い声が絶えないような展開をしていました。ライシュ氏はオペラのプロデューサーを務めたこともあって、漫談の才能に長けていたからです。自宅に招いていただき、家族ぐるみの付き合いもさせていただきました。

先生が学生に対して親身になり、学生の集中を逸らさせない話術で授業を行う。また、語学の習得や交流の促進という、本来であれば個々でスキルアップすべきことも指導側の一手で劇的に成長させることができる。ライシュ氏から学んだことは多いですが、その中で指導する側に求められる能力というものも教わりました。

ゼミの方針を研究

私はハーバード大学大学院で、ライシュ氏から個人的に学ぶ貴重な体験を得ましたが、日本の大学で同様の体験を得るのはなかなか難しいようです。日本の大学で学んだ人たちにゼミでの活動を振り返ってもらうと、ほぼ共通して「年に2回程度、発表の機会が回ってくる程度で、それ以外の時間は聞き役だった」という話になります。きっと、この本を読まれている方々の多くにも思い当たる節があるのではないでしょうか。

本来であれば、他人の発表時にもどんどん質問して議論を深めるべきですが、実際そうはなりません。自分が発表する時以外は、どうしても受け身になってしまうものです。

そこで社会人修士課程1年制コースでは、ゼミ生12人であれば12人全員に毎回発表をしてもらうことにしました。発表時間は人それぞれ。30分を要する人もいれば、15分で終えてしまう人もいます。その後の飲み会に持ち込んだ方が、よりよい議論を展開できるタイプの方もいます。様々な形に応じる意味で、毎回5～6時間を発表のための時間として割くことにしました。

ゼミは、カリキュラムの時間割で定められている1コマ90分間で進めることになっていますが、発表時間に5~6時間を割いていては何ら実質的な研究ができません。

そこで、土曜日は午後の3時半や4時頃から授業を始めることにしました。学生は社会人なので、仕事のある平日では、どうしても研究モードに入れない人も出てきます。ですから、せめて週末の土曜日は、朝から研究準備の時間を与えなくてはいけません。そういう理由で授業を午後も夕方近くに設定し、授業時間外も用いて研究準備に集中できる体制を作ったのです。

朝に研究準備、そして午後は3~4時間研究室で発表、そしてその後飲み会へ。土曜日はこのような体制が確立されていきました。

ちなみに、同様の方針は社会人修士課程1年制コースのみならず、学部ゼミでも採用しています。1コマ90分間で終わるところを180分間に増やし、出席者全員が発表して、上位3名と下位2名を選出しています。19歳から23歳の学生たちは、この気の抜けない環境に身を置くことで、半年間で別人のように立派に成長します。

社会人修士の学生も、毎回発表をし続けていくことで大きく成長していきます。毎年秋になると、5~6時間もの間、自分の発表以外の時間帯も集中力を切らさずコメントをしたり、他人の発表を自分の研究に置き換えて考えられるようになっていきます。

それまで他人が発表している時に関心を示さず、パソコンで自分の発表の準備ばかりしていた人が、他人の発表時に身を乗り出してコメントするほどの変わり身を見せる。その変化の瞬間を見ることは、私にとってとても嬉しいことです。

これらの過程を経て、秋から冬にかけての飲み会で実感することは、同期生が身を置くそれぞれの分野に精通するようになることです。なぜそれが分かるかというと、精通していなければ言えない冗談で盛り上がるようになるからです。質の変わった冗談が当たり前のように飛び交う時間は、私に痛快な気分をもたらしてくれます。

学生全員を「〝それぞれ〟えこひいき」する

「社会における超一流のリーダー」を目指して自己と闘う学生たちに対して、中途半端な教えをすることはできない。では教える側はどういうスタンスで学生と接していくべきか。そこで考えたのが、ライシュ氏の姿勢を参考にさせてもらいつつ、授業では全員に発表してもらうという、クラスという形態を取りつつも個に寄り添う指導法でした。

平田ゼミ社会人修士課程1年制コースは、過去12期で１３０人の修了生が出たことになります。1期に平均すると約10人強です。決して生徒数が多くないのは、これが一人ひとりを「テーラーメイド」できるぎりぎりの人数だからです。

ゼミでは個人に寄り添うことを第一義としています。基本的に、私は入学してきた学生全員を「えこひいき」しようと思っています。

この言葉は、教育界では最も悪いこと、教員がしてはいけないことと言われていますが、私は敢えてこの言葉を使うようにしています。

合格後に行われる最初のガイダンスで必ず話すことですが、私は合格者一人ひとりの名前を

挙げてこの言葉を使います。例えば――、

「桑田さん、私はあなたを〝えこひいき〟します。もしパソコン操作が苦手ならできるようになるまで待ちます。でも一方で、これまでお世話になってきた野球界に恩返しをしたいという気持ちを徹底的に応援します」

「江口さん。私は江口さんを〝えこひいき〟します。競艇のレースで授業に来られない時があっても気にしないでください。くれぐれもレース場にパソコンなどを持ち込んで失格にならないように。それでも、競艇界の発展に貢献したい江口さんを徹底的に応援していきます」

この話をし始めると、その場にいる新入生一同は最初、〝なんだ、やはり平田先生は桑田さんだけを応援するのか〟という表情になります。ですが、次々に名前が呼ばれ話が進んでいくにつれ、〝そうか、全員それぞれに個別アプローチをしてくれるのか〟と納得してくれます。このように、全員に向けて、それぞれをえこひいきする「全員えこひいき宣言」をします。これは、出席日数や授業に顔を出すか否かという形式的なことではなく、全員が成功してほしい、そのためにお互いベストを尽くしていこうと、気持ちを確認し合う儀式の場です。そして同時に、全員が仲間であり、互助会になるという団結を強める場にもなります。

社会人修士課程1年制コースには、当たり前ですが社会人がやって来ます。その内訳は、スポーツの分野を中心に各分野で既に一流の実績を持つ者ばかりです。当然、彼らが一流の実績を積む過程で、様々な社会経験を積んでいます。中には辛い裏切りやメディアからの批判を受けた経験を持つ人もいます。ですから、社会や人間に対して不信感や懐疑的な思いを抱いている人が少なくありません。これは、彼らがこれまでに経験してきたことを振り返れば仕方のないことだと言えます。

一方で、ゼミに入ってきたからには教授である私を信用してもらわなければ、話が進みません。つまり、私が指導教員としてまずやるべきことは、学生一人ひとりに信用してもらうことになります。そのためには、個々にしっかり寄り添って教えていくことが必要不可欠。ですから、一度に多人数を教えることが難しくなるのです。

まず学生たちの個に寄って信用してもらう。そのためにも最初に「えこひいき宣言」をするわけですが、その後は共に過ごす時間をきちんと確保することが重要になってきます。となると、やはり「飲み会」がポイントになります。第2章で述べた学生一人ひとりと波長を合わせていく＝チューニングしていく話は、私にとっても生徒に信用してもらうために必要な大切な時間なのです。

同じ言葉でも、受け止め方は人それぞれで違います。生徒一人ひとりと波長を合わせることで、信用を得ていく。この過程の中で、同時に作り上げられてくるものがあります。それは、各自に対する今後のビジョンです。

個人に寄り添って話し合いを続けているうちに、相手の立場に立って「もし私がこの人だったら、今後どうしていくか」というロードマップが形になってくるのです。ゼミを修了して社会に戻った後にどうなってほしいか。また、そのためにはどういう活動をしてほしいか。そんな学生一人ひとりに対する将来像＝ビジョンができあがってきます。

徹底して個人に寄り添い、二人三脚で考える。こういうスタイルの教育者は少なくないと思います。ですが、共に研究テーマを考え、必要なデータを洗い出し、分析して論理的な考察を進めていく学問的思考を共有していくと、相手に対して具体的な将来像が見えてきます。学生一人ひとりに対して明確なビジョンを描くことまでする教育者は少ないかもしれません。これはもはや、世間一般で言う「えこひいき」に他ならないでしょう。

私の中で作り上げたビジョンを、本人がそのまま踏襲する必要はありません。本人のビジョンはまた違っていてもいい。ただ、私なりにビジョンを持って各自を見ることで、より寄り添えるようになります。するとより信用され、より波長も合ってくるようになる。会話も、それまでなら10時間かけて話していたことが1時間に凝縮されるぐらい濃密なものになっていきます。

「個々にビジョンを描く」とは述べましたが、相手にそのまま伝えることはしません。なぜなら、時としてそれが答えになってしまうからです。ですから学生に対しては、答えに向かうヒントになる課題を出すまでにとどめます。

そこに「自分で考え、答えに到達する」学びの真髄があります。ここで重要なのは、どんな課題を出すか、ということです。すぐ理解できる課題を出しても、簡単に消化されてしまったら、それは学びにはなりません。かといって全く理解できない課題を出しても、関連付けられないため、混乱を深めさせることになります。

背伸びして届くところに宿題を出す。そして適確にフィードバックする。これが大切です。

理解できそうで理解できない、ぎりぎりのラインでお題。これを考えることが、教える側からすると困難さを伴うものになります。ただ、ここで役立つのが一人ひとりと合わせてきた波長です。チューニングされているからこそ、ぎりぎりのラインを見極めることができます。

課題を設定することは簡単ではないですが、もっと難しいのは、その課題に対して学生が出してきた答えに対するフィードバックです。ギリギリの課題を出して、必死に考えてもらう。そして、学生が頭を巡らせて導き出した答えのフィードバック次第で、その後の成長度合いは変わってきます。いかに良質なフィードバックをするか。これを一つ一つ考えるのは、また難しい作業になります。

生徒には体育会出身者が多く、体力もあれば精神力もあるのは当然のこと、情熱もあります。彼ら一人ひとりが、全精力を傾け考えてきた課題の答えにはパワーがこもっています。その答えに対し、時にはさらに課題を出すこともあります。そんなラリーを繰り返していると脳が酸欠状態になります。その影響か、気分が悪くなったりした時期もあり、頭がより活性化される方法を研究したほどです。おかげで、食事や運動を取り入れることで見出した頭脳活性化法は、本を一冊書けるぐらいの知識量になりました。

話は脱線しましたが、生徒一人ひとりに寄り添い、全員を「えこひいき」するということは困難さが伴うものです。それでもやり続けてきたのは、「社会における超一流のリーダー」を目指して自己と闘う学生たちに対して必要なスタンスだからです。

「超一流」とは

「一度成功した人が次に進むために何かを考える時、参考となることを示せるのではないか？」

本書の冒頭で、私はこのような確信めいた可能性を述べました。ここまで書いてきて、自分がこれまで取り組んできたことが改めて整理された気がします。

第2章で述べたことのおさらいになりますが、それをより凝縮すると、私が社会人修士課程1年制コースでこれまでやってきたことは、一流である人材に主に次の要素を注入することです。

1. 態度
2. 知識
3. 整理

そして、これら3つを掛け合わせて「心の鍵を開く」＝ブレイクスルーを起こさせること。これが一流のさらにその上を行く、「超一流」たる人材になるために必要な要素なのではないでしょうか。ゼミで学問を通し、この要素を身に付けた学生たちは新たな自分を獲得します。そして修了後、その多くが様々なスポーツの分野で活躍してくれています。

最後に一つ。現在活躍している修了生たちには、不思議な傾向があります。彼らであれば、これまでに積み上げた実績と学問で、大きな収入を得る道を選択することもできるはずです。ですが、彼らは自分の利益ではなく、人の利益のために能力を注ぎ込んでいるのです。本書に載っているインタビューを読んでもらえれば気付かれると思いますが、旧態依然とした体制、凝り固まったままの常識……、これまで多くの人が見て見ぬふりをしてきたがゆえにマイナスをもたらしている核心に、あえて挑もうとしている人が少なくありません。

本当であればもっと穏やかで楽で、人から称賛される道があるのに、なぜあえて茨の道へ進むのか。不思議に思われた方もいらっしゃるかもしれません。

利己的に動かず、金銭欲や名誉欲にも縛られず、自分が担う分野を世界一にするために、持続的発展を遂げるために、みんなのために、やらねばならないことを率先する。そして結果を出す。

これが「一流」とは違う「超一流」の流儀なのではないでしょうか。

あとがき

青山学院大学の駅伝チームが4連覇を達成し、ホッとしています。データ分析をして、勝つことはある程度分かっていましたが、実際の勝負は何があるか分からないからです。実際、1月2日の往路では2位となり、どうしたものか心配になりましたが、復路では危なげなく勝利を飾ることができました。

私は、大手町のゴールの直前で青山学院大学のゴールを待ち構えていましたが、一足先にパトカー先導で入って来た原監督を乗せた運営管理車が止まりました。原監督が降りて、私に気付いて駆け寄り、握手をしました。その後、選手がテープを切り……。

7区の区間新を出した林奎介君は、データ分析の効果を体現してくれました。箱根駅伝にエントリーする16人に入った学生は、夏の合宿消化率70％だと、合宿前に気合いを入れたつもりでしたが、怪我をしていた林君は逆読みし、70％でいいんだ、30％は休んでいいのだと考え、しっかりと怪我を治したという経緯があるからです。

5連覇に向かって進んで行ってほしいと思います。

２０１８年に伊達公子さんが新しく次の頂上を目指して平田ゼミに入って来ました。それぞれを〝えこひいき〟し、心の鍵を開けてもらい、素晴らしい研究ができるように頑張りたいと思います。

そのためには、自分もテニスのことを理念からしっかりと勉強し直さなければなりません。

桑田真澄さんからは、野球の深層に潜む課題を、原晋さんからは駅伝４連覇の極意を、そして平井伯昌さんからは水泳のことを教えてもらえるなんて、何て贅沢な人間だと幸福に思います。

何より、こういう超一流の方々が何にこだわり、何を信じてがんばってきたかを知ることができること、そして、それを次の目標に向けることを手伝えた時が教授冥利に尽きる瞬間です。

ハーバード大学ケネディスクールで学んだことをベースに、東京大学の工学博士のアレンジを加え、通産省での石油交渉、日本サッカー協会での世界各国との折衝、Ｊリーグやなでしこジャパンの創設の経験も加えてゼミを行ってきました。

早稲田大学でこの12年間に手掛けたことや、超一流の方々から学んだことを率直に書いてみましたが、自分で人生を切り開いて行く方や、会社や事業で次のステップを考えたり、上手くいっているが何か行き詰まりを感じている方に、新しい自分を発見するキッカケになると幸いです。

最後になりますが、全ての平田ゼミのメンバー、双葉社の渡辺拓滋氏、伊藤亮氏、そして石野貴子氏に感謝申し上げます。

２０１８年　４月吉日　平田竹男

デザイン
栄山博貴
（フラミンゴスタジオ）

構成
伊藤 亮

トップリーダー1%《パーセント》に上《のぼ》りつめる
平《ひら》田《た》流《りゅう》「ハーバードKS《ケネディスクール》」思《し》考《こう》法《ほう》

超《ちょう》一《いち》流《りゅう》論《ろん》

発行日　2018年5月6日　第一刷発行

著者　平《ひら》田《た》竹《たけ》男《お》

発行者　稲垣 潔
発行所　株式会社双葉社
〒162-8540　東京都新宿区東五軒町3番28号
［電話］03-5261-4818（営業）　03-5261-4868（編集）
http://www.futabasha.co.jp/
（双葉社の書籍・コミック・ムックが買えます）

印刷所　三晃印刷株式会社
製本所　株式会社若林製本工場

ISBN978-4-575-31354-3　C0076